Anonymous

Strafgesetzbuch für den Kanton Bern

Anonymous

Strafgesetzbuch für den Kanton Bern

ISBN/EAN: 9783744627832

Hergestellt in Europa, USA, Kanada, Australien, Japan

Cover: Foto ©Suzi / pixelio.de

Weitere Bücher finden Sie auf **www.hansebooks.com**

Strafgesetzbuch

für den

Kanton Bern.

———————

Bern.

Gedruckt bei J. A. Weingart

1866.

Gesetz,

betreffend

die Einführung des Strafgesetzbuches

für

den Kanton Bern.

Der Große Rath des Kantons Bern,

beschließt:

Art. 1.

Das gegenwärtige Strafgesetzbuch tritt mit dem 1. Jenner 1867 für den ganzen Kanton in Kraft.

Art. 2.

Vom 1. Jenner 1867 an treten alle in Gesetzen, Dekreten und Verordnungen enthaltenen Bestimmungen, welche sich auf Gegenstände, die den Inhalt dieses Gesetzbuches bilden, beziehen, außer Wirksamkeit.

Insbesondere sind aufgehoben:

1) Die Gerichtssatzung von 1761, namentlich die bisher noch in Kraft gewesenen Theil I, Titel XXVI, Satz. 5, S. 112, den Wucher betreffend, und Theil IV, Titel I bis XVII, ferner die hierauf bezügliche Vorschrift des Art. 6, Titel VI, Theil I des Emolumententarifs von 1819.

2) Die §§ 1, 2, 5, 15, 18, 24 des zweiten Theils der Forstordnung von 1786 und die Bestimmungen der Forstordnung des Jura vom 4. Mai 1836, in so weit dieselben mit dem gegenwärtigen Strafgesetzbuch nicht übereinstimmen.

3) Die strafrechtlichen Bestimmungen der Ehegerichtssatzung von 1787, insoweit sie dermal noch in Kraft bestehen, insbesondere Titel III, Satz. I bis und mit VI, Satz. VII, der Titel VI und der Titel VII.

4) Das helvetische peinliche Gesetzbuch vom 4. Mai 1799, nebst allen seitherigen dasselbe ergänzenden, erläutern= den oder abändernden Gesetzen und Verordnungen, insbesondere:

a. Das Dekret vom 27. Jenner 1800 betreffend Modifikation der in dem peinlichen Gesetzbuche bestimmten Strafen.

b. Das Gesetz vom 16. Hornung 1801 betreffend die Strafen entwichener Verbrecher u. s. w.

c. Das Gesetz vom 11. Brachmonat 1801 betreffend eine Abänderung der im Art. 184 des peinlichen Gesetzbuches vorgeschriebenen Diebstahlsstrafen.

d. Das Gesetz vom 27. Juni 1803 betreffend weitere Modifikationen des peinlichen Gesetzbuches.

e. Das Gesetz vom 13. und 14. Dezember 1818 und 1. Februar 1819 betreffend Umwandlung der Zucht= hausstrafen.

5) Das bisher im Jura geltende Gesetz vom 3. September 1807 über den Wucher und die Satz. 760 bis 763 des Civilgesetzbuches für den Kanton Bern, soweit sie auf den Ueberzins und dessen Folgen Bezug haben.

6) Das Gesetz vom 18. Februar 1823 über Kindsmord, Abtreibung der Leibesfrucht und die Aussetzung unbe= hülflicher Kinder, mit Ausnahme der Artikel 2, 3, 4,

5, 6, 7, 8, 9, 13 und 14, nebst dem Milderungs=
dekrete vom 22. Juni 1843.

7) Die strafrechtlichen Bestimmungen des Gesetzes vom
22. Dezember 1823 zur Verhinderung betrügerischer
und muthwilliger Geldstage.

8) Das Gesetz über Aufruhr und Hochverrath vom 7. Juli
1832.

9) Das Gesetz vom 15. März 1836 über Beeinträchti=
gung des Eigenthums durch Diebstahl, Unterschlagung
und Raub, nebst dem Milderungsdekret vom 22. Sep=
tember 1846.

10) Das Gesetz über die Lotterien vom 21. Februar 1843.

11) Das Dekret wider die Freischaaren vom 27. Juni 1845.

12) Das Gesetz über die Wahlbestechungen vom 12. No=
vember 1846.

13) Das Gesetz wider die Betrügereien zahlungsflüchtiger
Schuldner vom 26. Mai 1848, mit Ausnahme des
Art. 5.

14) Das Gesetz über den Mißbrauch der Presse vom 7.
Dezember 1852.

15) Die Artikel 16, zweiter Absatz, und 256, zweiter Absatz,
des Gesetzbuches über das Verfahren in Strafsachen
von 1854.

16) Die Art. 5 und 6 des Gesetzes vom 11. Dezember
1852 betreffend einige Abänderungen des Gesetzes über
die Organisation der Gerichtsbehörden vom 31. Juli
1847.

17) Sämmtliche im französischen Kantonstheil in Kraft
bestehenden Bestimmungen des französischen Strafgesetz=
buches und des landwirthschaftlichen Gesetzbuches (code
rural) vom 27. September bis 6. Oktober 1791.

Art. 3.

Strafbare Handlungen, welche vor dem in Art. 1 fest=
gesetzten Zeitpunkte begangen worden sind, aber erst nach=
her zur Behandlung kommen, sind nach dem gegenwärtigen
Strafgesetzbuch zu beurtheilen, wenn nicht die zur Zeit der
Begehung gültig gewesenen Bestimmungen für den Ange=
schuldigten günstiger sind.

Art. 4.

Die im Strafgesetzbuche aufgestellte Eintheilung der
strafbaren Handlungen in Verbrechen, Vergehen und Polizei=
übertretungen ist für alle Fälle maßgebend, sie mögen nach
dem Strafgesetzbuche oder nach andern ältern oder neuern
Gesetzen zu beurtheilen sein.

Art. 5.

Die Assisen beurtheilen die mit Todesstrafe oder mit
Zuchthausstrafe bedrohten Handlungen, und zwar letztere
selbst dann, wenn das Gesetz für die fragliche Handlung
auch eine niedrigere Strafart zuläßt (Verbrechen), sowie die
politischen Vergehen und die Preßvergehen.

Art. 6.

Das Amtsgericht, als korrektionelles Gericht, beurtheilt
die im Strafgesetzbuch mit Korrektionshaus bedrohten Hand=
lungen, selbst wenn das Gesetz für die fragliche Handlung
auch eine niedrigere Strafart zuläßt (Vergehen), und die in
andern Gesetzen mit einer Enthaltungsstrafe von mehr als
sechszig Tagen bedrohten Handlungen.

Art. 7.

Der Gerichtspräsident, als korrektioneller Richter,
beurtheilt die im dritten Buche dieses Strafgesetzbuches mit
Gefängniß und die in andern Gesetzen mit einer Enthal=
tungsstrafe von höchstens sechszig Tagen bedrohten Hand=
lungen.

Er beurtheilt als Polizeirichter:

1) alle im IV. Buche dieses Strafgesetzbuches vorgesehenen Fälle;

2) alle übrigen in diesem Strafgesetzbuch und in besondern Gesetzen nur mit Geldbuße bedrohten Handlungen;

3) die in den Gesetzen über die Armenpolizei mit Strafe bedrohten Handlungen; .

4) alle übrigen ihm durch besondere Gesetze übertragenen Fälle.

Art. 8.

In allen nach Art. 7 hievor vom Gerichtspräsidenten zu beurtheilenden Fällen wendet er das für Polizeiübertretungen vorgeschriebene Verfahren an.

Art. 9.

Außer den in den Art. 13 und 14 des Gesetzbuches über das Strafverfahren vorgesehenen Fällen werden schweizerische Angehörige, sofern der Fall der Auslieferung nicht vorhanden ist, auf Klage des Verletzten hin wegen nachbenannter außer dem Gebiete des Kantons Bern begangener strafbaren Handlungen nach den Vorschriften des Strafgesetzbuches bestraft:

1) Mord;

2) Todschlag;

3) Kindsmord;

4) Kindesaussetzung;

5) Mißhandlung in den Fällen der Art. 139, 140 und 141;

6) Brandstiftung;

7) vorsätzliche Verursachung einer Ueberschwemmung;

8) Eigenthumsbeschädigung, wenn der Fall mit Zuchthaus oder mit Korrektionshaus bedroht ist;

9) Nothzucht;

10) gewaltthätiger Angriff gegen die Schamhaftigkeit;

11) Schändung, begangen an Kindern unter zwölf Jahren;

12) Raub;

13) Erpressung;

14) Diebstahl, wenn derselbe mit Zuchthaus oder mit Korrektionshaus bedroht ist;

15) Fälschung fremder Gold= oder Silbermünzen;

16) Urkundenfälschung, insoferne der Fall mit Zuchthaus oder mit Korrektionshaus bedroht ist.

In den Fällen, wo die strafbare Handlung den Tod des Verletzten zur Folge hatte, beim Kindsmord und bei der Kindesaussetzung findet Verfolgung von Amtswegen statt.

Art. 10.

Für die durch das Mittel der Presse begangenen Vergehen ist dasjenige Gericht zuständig, in dessen Bezirk die Druckschrift herausgekommen ist. Hat deren Herausgabe außerhalb des Kantons stattgefunden, so tritt der Gerichtsstand des Beklagten ein.

Strafgesetzbuch

für den

Kanton Bern.

———— ⊷⊶ ————

Allgemeiner Theil.

———

I. Buch.

Titel I.

Von der Eintheilung der strafbaren Handlungen und der Anwendung der Strafgesetze.

Art. 1.

Eine Widerhandlung, welche die Gesetze mit polizeilichen Strafen belegen, ist eine Uebertretung;

eine Widerhandlung, welche die Gesetze mit korrektionellen Strafen belegen, ist ein Vergehen;

eine Widerhandlung, welche die Gesetze mit peinlichen Strafen belegen, ist ein Verbrechen.

Eintheilung der strafbaren Handlungen.

Art 2.

Keine Handlung oder Unterlassung kann mit einer Strafe belegt werden, welche nicht durch verfassungsmäßige Gesetze oder Verordnungen angedroht war.

Verbot zu strafen ohne Strafgesetz.

2

Art. 3.

Anwendung des Strafgesetzbuches.

Dieses Strafgesetzbuch findet Anwendung auf alle gegen dasselbe im Gebiete des Kantons Bern verübten Wiberhanblungen.

Wiberhanblungen, welche außer dem Kantonsgebiet verübt worden sind, können nur in den gesetzlich vorgesehenen Fällen verfolgt und bestraft werden.

Art. 4.

Verbot der Auslieferung bernischer Angehöriger an frembe Behörden.

Kein Kantonsangehöriger darf einer Behörde eines nicht schweizerischen Staates zur gerichtlichen Verfolgung und Bestrafung ober zur Vollziehung eines Strafurtheils ausgeliefert werden.

Art. 5.

Vorbehalt der Bundes- und Militärgesetze und der Staatsverträge.

Die Bundes- und die Militärstrafgesetze, sowie Staatsverträge werden vorbehalten.

Titel II.

Von den Strafarten.

Art. 6.

Strafarten.

Die peinlichen Strafen bestehen:

1) in der Todesstrafe,
2) in lebenslänglicher Zuchthausstrafe,
3) in zeitlicher Zuchthausstrafe.

Die korrektionellen Strafen bestehen:

1) in der Korrektionshausstrafe,
2) in der Gefängnißstrafe.

Die polizeilichen Strafen bestehen:

1) in Gelbbuße,
2) in Gefängniß in den ausbrücklich vorgesehenen Fällen.

Wenn das Gesetz die Wahl zwischen verschiedenen Strafarten zuläßt, so wird die Natur der strafbaren Handlung (Verbrechen, Vergehen, Uebertretung) durch die schwerste der zulässigen Strafarten bestimmt.

Art. 7.

Folgende Strafarten können als subsidiäre oder als accessorische Strafen oder als Folgen der Hauptstrafen ausgesprochen werden:
1) die Einzelhaft,
2) die einfache Enthaltung,
3) die Verweisung,
4) die Ehrenstrafen,
5) die Amtsentsetzung und die Einstellung im Amt,
6) das Wirthshausverbot,
7) die Geldbuße,
8) die Konfiskation einzelner Gegenstände.

Art. 8.

Die Todesstrafe wird durch Enthauptung vollzogen; Todesstrafe. eine Schärfung derselben darf nicht stattfinden.

Art. 9.

Die Leichname der Hingerichteten sollen auf Verlangen ihren Familien ausgeliefert werden, welche dieselben in der Stille beerdigen lassen sollen.

Art. 10.

Die zur Zuchthausstrafe Verurtheilten werden in einer Zuchthaus. Strafanstalt verwahrt und zu den in derselben eingeführten Arbeiten angehalten. Sie tragen eine besondere Kleidung.

Die zeitliche Zuchthausstrafe dauert mindestens ein und höchstens zwanzig Jahre.

Art. 11.

Die zur Korrektionshausstrafe Verurtheilten werden in Korrektions-Räumen verwahrt, die von denjenigen der Zuchthaussträf-haus. linge möglichst getrennt sein sollen.

Sie sind zur Arbeit anzuhalten; ihre Kleidung soll gleichförmig sein, darf jedoch keine auffallende Auszeichnung haben.

4

Die Dauer dieser Strafart ist mindestens zwei Monate und höchstens sechs Jahre.

Art. 12.

Einzelhaft. Die Korrektionshausstrafe kann vom Gericht ganz oder theilweise in Einzelhaft von der Hälfte der ausgesprochenen Strafe umgewandelt werden. Die Einzelhaft darf jedoch auf jedes Strafjahr drei Monate nicht übersteigen. Sie besteht in der einsamen Einschließung des Verurtheilten in eine Zelle, die derselbe bei Tag und bei Nacht allein zu bewohnen hat. Wenn die Umstände es erlauben, soll der zu Einzelhaft Verurtheilte zu angemessener Arbeit angehalten werden.

Art. 13.

Gefängniß. Die Gefängnißstrafe wird in den dazu bestimmten Gefängnissen vollzogen. Ihre Dauer ist mindestens vierundzwanzig Stunden und höchstens sechszig Tage. Die Verurtheilten sollen so viel wie möglich von den Untersuchungsgefangenen getrennt sein.

Diese Strafe kann durch eine der folgenden Schärfungsarten oder durch beide gleichzeitig verschärft werden, nämlich dadurch:

1) daß der Verurtheilte während der ganzen Strafdauer oder während eines Theils derselben zu seiner Nahrung je an zwei Tagen nur Brod und Wasser und nur am dritten Tag die gewöhnliche Gefangenschaftskost erhält;
2) daß der Verurtheilte zum Lager nur eine hölzerne Pritsche und eine Decke erhält.

Diese Schärfungen finden nur statt, wenn das Gericht sie ausdrücklich verhängt; ihre Dauer ist im Urtheil genau zu bestimmen.

Wird durch ein gerichtsärztliches Zeugniß festgestellt, daß die Schärfungen einen nachtheiligen Einfluß auf die

Gesundheit des Verurtheilten ausüben würden, so sollen während der Dauer der Haft die Vorschriften des Arztes befolgt werden.

Art. 14.

Die Gerichte haben die Befugniß, in besonders günsti= gen Fällen die gesetzlich angedrohte Zuchthaus= und Korrek= tionshausstrafe, jedoch nur wo das Gesetz dieß ausdrücklich zuläßt, in einfache Enthaltung umzuwandeln. Diese Um= wandlung hat nachbenannte Folgen: *Einfache Ent= haltung.*

1) die Verurtheilten werden in Enthaltungsräumen einge= schlossen, die von denjenigen der übrigen Gefangenen abgesondert sein sollen;

2) sie sollen zu Arbeiten angehalten werden, die so weit möglich ihrer bisherigen Beschäftigungsweise entsprechen, und dürfen zu Arbeiten außer dem Hause oder in Ge= meinschaft mit den zu Zuchthaus oder zu Korrektions= haus Verurtheilten nur dann verwendet werden, wenn sie dazu einwilligen;

3) wenn mit der umgewandelten Strafart gesetzlich die Entziehung oder eine Schmälerung der Ehrenrechte ver= bunden ist, so fällt diese dahin, und der Verurtheilte bleibt im ungeschmälerten Besitz seiner Ehrenrechte. Das Gericht darf mit der einfachen Enthaltung keine Schmälerung der Ehrenrechte verbinden.

Art. 15.

Sämmtliche Enthaltungsstrafen sollen ohne Unterbrechung vollzogen werden. *Ununter= brochene Voll= ziehung.*

Im Uebrigen bleibt Alles, was die innere Einrichtung, die Nahrung, die Disziplin und die verschiedenen Verwal= tungszweige der Strafanstalten betrifft, besondern Gesetzen oder Reglementen vorbehalten.

6

Art. 16.

Wenn wegen Geistes= oder körperlicher Krankheit eines Sträflings dessen Versetzung in eine öffentliche Heilanstalt nothwendig wird, so ist die in Letzterer zu seiner Herstel= lung zugebrachte Zeit an seiner Strafzeit anzurechnen.

Art. 17.

Die Verweisung besteht in dem Verbote, einen gewissen Bezirk zu betreten. Ihre Dauer ist mindestens drei Monate und höchstens zwanzig Jahre.

Sie darf nur in denjenigen Fällen verhängt werden, wo sie durch das Gesetz ausdrücklich angedroht ist. Die übrigen gesetzlich angedrohten Strafen dürfen niemals in Verweisung umgewandelt werden.

Nur wenn der Verurtheilte keinem schweizerischen Kanton angehört, kann mit der ausgesprochenen Strafe eine Ver= weisung bis zu höchstens zwanzig Jahren verbunden werden.

Titel III.
Von den Folgen der Strafen.

Art. 18.

Die Zuchthausstrafe zieht den Verlust der bürgerlichen Ehrenfähigkeit nach sich. Bezüglich der Handlungsfähigkeit macht das Civilgesetz Regel.

Art. 19.

Bei den übrigen Strafarten können der Richter oder die Gerichte, wenn sie durch eine besondere Bestimmung dieses Gesetzbuches dazu ermächtigt werden, und sollen, wenn das Gesetz es ausdrücklich vorschreibt, den Schuldigen in der bürgerlichen Ehrenfähigkeit oder im Aktivbürgerrecht einstellen.

Die Einstellung ist für wenigstens ein und für höchstens fünf Jahre auszusprechen. Die im Urtheil festgesetzte Dauer

der Einstellung hebt mit dem Augenblicke an, wo die Haupt=
strafe in Folge Ablaufs der Strafdauer oder in Folge Straf=
nachlasses vollendet wird. Auch ist der Verurtheilte während
der Dauer der Hauptstrafe eingestellt.

Art. 20.

Wird eine Einstellung in der bürgerlichen Ehrenfähig= **Absetzung.**
keit oder im Aktivbürgerrecht verhängt, so soll, wenn der
Schuldige ein Staats= oder Gemeindsbeamter ist, durch das
nämliche Urtheil dessen Absetzung ausgesprochen werden.

Ein schuldiger Beamter kann selbst dann abgesetzt wer=
den, wenn er in seinen Ehrenrechten nicht eingestellt wird,
insofern er eine Handlung begangen hat, wegen welcher das
Gesetz die Einstellung in der bürgerlichen Ehrenfähigkeit
oder im Aktivbürgerrecht ausdrücklich zuläßt.

Der abgesetzte Beamte soll für die Dauer von einem
bis zu fünf Jahren, vom Zeitpunkte der Strafvollendung
an, unfähig erklärt werden, eine Staats= oder Gemeinde=
stelle zu bekleiden.

Art. 21.

Der Besuch der Wirthshäuser kann jedem Verurtheilten **Wirthshaus=**
auf höchstens zwei Jahre untersagt werden, wenn dessen **verbot.**
Vergehen oder Uebertretung, wie Schlägerei, Mißhandlung,
Ehrenverletzung u. dgl. mit einem Wirthshausauftritt oder
mit unmäßigem Genuß von Wein oder anderer geistiger
Getränke in Verbindung steht.

Art. 22.

Mit der Hauptstrafe kann die Konfiskation der Gegen= **Konfiskation.**
stände, die zu Verübung einer strafbaren Handlung gedient
haben oder bestimmt waren, und derjenigen, die mittelst
Begehung einer strafbaren Handlung erzeugt worden sind,
verbunden werden, insoferne die betreffenden Gegenstände
einem Verurtheilten angehören.

Art. 23.

Durch die Verurtheilung zu den gesetzlichen Strafen wird den Wiedererstattungen und Entschädigungen, welche die Parteien zu fordern haben mögen, in keiner Weise vorgegriffen.

Art. 24.

Solidarität. Alle der nämlichen That wegen Verurtheilten haften solidarisch für die ausgesprochenen Wiedererstattungen, Entschädigungen und Kosten.

Art. 25.

Im Fall einer gerichtlichen Liquidation über das Gesammtvermögen des Schuldigen sollen die Geldbußen allen übrigen Forderungen nachgehend angewiesen werden. Hinsichtlich der Kosten bleibt es bei den Bestimmungen der Civilgesetze.

Art. 26.

Haftung der Erben für Geldbußen. Die Strafen sind persönlich; doch sind die Erben zur Bezahlung der gegen den Erblasser ausgesprochenen Geldbußen verpflichtet.

II. Buch.

Titel I.

Von dem rechtswidrigen Vorsatze und der Fahrlässigkeit.

Art. 27.

Vorsatz. Die in diesem Gesetzbuche angedrohten Strafen finden in der Regel nur Anwendung, wenn die bedrohte Handlung mit rechtswidrigem Vorsatze verübt worden ist.

Art. 28.

Eine widerrechtliche Handlung wird dem Thäter als eine vorsätzliche angerechnet, wenn gleich er dieselbe aus Irrthum oder Verwechslung gegen eine andere Person oder Sache ausgeführt hat, als worauf seine Absicht gerichtet war. Doch darf gegen den Thäter keine schwerere Strafe ausgesprochen werden, als ihn getroffen hätte, wenn der Irrthum nicht stattgefunden hätte.

Art. 29.

Wer einen rechtswidrigen Erfolg zwar nicht beabsichtigte, Fahrläſſigkeit. aber denselben durch Fahrläſſigkeit (Ungeschicklichkeit, Unvorsichtigkeit, Unachtsamkeit, Nachläſſigkeit oder Nichtbeobachtung von Verordnungen) verursachte oder beförderte, soll nur dann bestraft werden, wenn die fahrläſſige Handlung ausdrücklich mit Strafe bedroht ist.

Titel II.
Von dem ſtrafbaren Verſuche.

Art. 30.

Jeder Versuch eines Verbrechens, der durch äußere Verſuch. Handlungen an den Tag gelegt worden ist, die einen Anfang von Ausführung bilden, wird, wenn die Vollendung nur durch zufällige, vom Willen des Thäters unabhängige Umstände verhindert worden ist, mit dem Viertel der niedrigsten bis zu drei Viertel der höchsten Strafe der vollendeten That belegt. Besteht Letztere in der Todesstrafe oder in lebenslänglichem Zuchthaus, so wird der Versuch mit mindestens fünf und höchstens zwanzig Jahren Zuchthaus bestraft. Die Strafe wird um so höher zugemessen, je mehr sich der Versuch der vollendeten That nähert.

Art. 31.

In den Fällen, wo die verwirkte Strafe unter das Strafmilderniedrigste zuläſſige Maß der geſetzlichen Strafart herab- rung.

sinken würde, soll auf die nächstfolgende niedrigere Straf=
art (Art. 6) herabgegangen werden. Die Verurtheilung
hat in diesem Falle den Charakter und die Folgen der
ausgesprochenen Strafe.

Art. 32.

Straflosigkeit beim Zurück= tritt.

Ist der Thäter aus freiem Willen von der Vollendung
bung der strafbaren Handlung zurückgetreten, so ist seine
Handlung straflos. Liegt in der Versuchshandlung bereits
eine Rechtsverletzung, so soll er nur für diese bestraft
werden.

Art. 33.

Versuch eines Vergehens.

Der Versuch eines Vergehens ist nur in den durch
das Gesetz ausdrücklich vorgesehenen Fällen strafbar.

Titel III.

Von der Theilnahme Mehrerer an strafbaren Handlungen und von der Begünstigung.

Art. 34.

Theilnehmer.

Sämmtliche Theilnehmer an einem Verbrechen, einem
Vergehen oder einer Uebertretung (Urheber und Gehülfen)
und die, welche ihnen nach Verübung der That wissentlich
irgend einen Beistand leisten, sind strafbar.

Art. 35.

Urheber.

Wer durch eigenes Handeln, oder indem er andere Per=
sonen anstiftet, die Hauptursache einer strafbaren Handlung
wird, heißt Urheber. Wird eine solche durch mehrere Urheber
gemeinschaftlich begangen, so trifft jeden die gesetzliche
Strafe der That, wobei jedoch für die Strafzumessung
die größere oder geringere Theilnahme der einzelnen Mit=
urheber innert dem gesetzlichen Strafraum zu berücksich=
tigen ist.

Art. 36.

Als Anstifter ist zu betrachten, wer durch Geschenke, Versprechungen, Drohungen, Mißbrauch seines Ansehens oder seiner Gewalt, oder auf andere Weise zur Begehung einer strafbaren Handlung angereizt oder dazu Anweisung gegeben hat.

Der Anstifter wird, wenn das von ihm beabsichtigte Verbrechen oder Vergehen gar nicht oder doch nicht in Folge seiner Anstiftung ausgeführt worden ist, nach den Bestimmungen über den Versuch (Art. 30 und folgende) bestraft. Hat er jedoch aus freiem Antrieb die Ausführung der That, so viel an ihm lag, zu verhindern gesucht, so ist er straflos, wenn dieselbe entweder gar nicht oder doch nicht in Folge seiner Anstiftung begangen worden ist.

Anstiftung.

Art. 37.

Gehülfe ist, wer wissentlich zur Begehung einer von einem Andern beschlossenen strafbaren Handlung Waffen, Werkzeuge oder irgend ein anderes Mittel liefert, oder bei deren Vorbereitung oder Ausführung Beistand leistet, oder dem Urheber nach begangener That auf vorherige Zusage hin auf irgend eine Weise förderlich ist.

Gehülfen.

Art. 38.

Der Gehülfe wird mit dem Viertel der niedrigsten bis zu drei Viertheilen der höchsten, den Urhebern der That angedrohten Strafe belegt.

In den Fällen, wo die durch den Gehülfen verwirkte Strafe unter das niedrigste zulässige Maß der gesetzlichen Strafart herabsinken würde, finden die Bestimmungen des Art. 31 Anwendung.

Wenn die höchste gesetzliche Strafe in der Todesstrafe oder in lebenslänglichem Zuchthaus besteht, so darf nicht auf weniger als fünf, und nicht auf mehr als auf zwanzig Jahre Zuchthaus erkannt werden.

Strafe der Gehülfen.

Art. 39.

War die Absicht und Thätigkeit irgend eines Theil=
nehmers (Art. 35, 36 und 37) unzweifelhafter Weise nur
auf die Hervorbringung oder Unterstützung einer Handlung
gerichtet, die minder strafbar ist, als die vom Thäter ver=
übte, so trifft ihn nur die Strafe der von ihm beabsich=
tigten That.

Art. 40.

Begünstigung. Der Begünstigung macht sich schuldig, wer dem Thäter
ohne vorheriges Einverständniß mit demselben erst nach
begangener That in rechtswidriger Absicht dadurch behülf=
lich ist:

daß er denselben der gerichtlichen Verfolgung, oder daß
er Spuren der That oder die Ueberführungsmittel
der gerichtlichen Kenntniß zu entziehen sucht, oder

daß er zur Verheimlichung, Wegschaffung oder Veräuße=
rung von Sachen unter Umständen mitwirkt, aus
denen er nothwendiger Weise schließen mußte, daß
dieselben durch eine strafbare Handlung erworben
worden seien, oder

daß er selber unter den nämlichen Umständen von diesen
Sachen Vortheil zieht, oder daß er dazu beizutragen
sucht, dem Thäter die aus der strafbaren Handlung
hervorgehenden Vortheile zu sichern.

Art. 41.

Strafe der Die Strafe der Begünstigung besteht, sofern für gewisse
Begünstigung. Arten der letztern nicht etwas Anderes festgesetzt ist, in
Gefängniß bis zu sechszig Tagen oder in Korrektionshaus
bis zu zwei Jahren. Die gewerbsmäßige Begünstigung soll
mit Korrektionshaus von sechs Monaten bis zu vier Jahren
oder mit Zuchthaus bis zu vier Jahren belegt werden.

Mit der wegen Begünstigung ausgesprochenen Korrek=
tionshausstrafe kann eine Einstellung in der bürgerlichen

Ehrenfähigkeit bis zu fünf Jahren verbunden werden, wenn dieß für die That, auf welche sich die Begünstigung bezieht, vorgeschrieben oder zulässig erklärt ist.

Art. 42.

Wenn eine der im Art. 40 bezeichneten Handlungen vom Thäter begangen wird zu Gunsten von Verwandten in auf- oder absteigender Linie oder von Geschwistern oder seines Ehegatten oder von Personen, denen er untergeben ist, so bildet dieß, wenn nicht gewerbsmäßige Begünstigung vorliegt und die Umstände es sonst rechtfertigen, einen Strafmilderungsgrund. Unter besonders günstigen Umständen kann sogar Straflosigkeit stattfinden.

Strafmilderung bei der Begünstigung von Verwandten.

Titel IV.

Von den Ursachen, welche die Strafbarkeit mildern oder ausschließen.

Art. 43.

Straflos sind diejenigen, die sich zur Zeit der That ohne ihr Verschulden in einem Zustande befanden, in welchem sie sich ihrer Handlung oder der Strafbarkeit derselben nicht bewußt waren (Wahnsinn, Blödsinn u. f. w.), oder die in Folge äußern Zwanges, gefährlicher Drohungen oder aus andern Gründen der Willensfreiheit beraubt waren.

Unzurechnungsfähigkeit.

War das Bewußtsein oder die Willensfreiheit nicht ganz aufgehoben, sondern nur gemindert, so soll statt der Todes- oder der lebenslänglichen Zuchthausstrafe Zuchthaus von mindestens einem und höchstens zwanzig Jahren verhängt werden.

Ist die That mit andern Strafen bedroht, so kann gemäß den Vorschriften des Art. 31 zu einer geringern Strafart herabgegangen werden.

14

Art. 44.

Straflosigkeit wegen Jugend.

Kinder, die im Augenblick der Begehung einer strafbaren Handlung das zwölfte Altersjahr noch nicht zurückgelegt hatten, können nicht strafrechtlich verfolgt werden.

Art. 45.

Wenn ein Angeschuldigter im Augenblicke der Begehung einer strafbaren Handlung das sechszehnte Altersjahr noch nicht zurückgelegt hatte, so ist zu entscheiden, ob er mit oder ohne Unterscheidungskraft gehandelt hat.

Wird entschieden, daß er ohne Unterscheidungskraft gehandelt habe, so soll er freigesprochen werden. Erfordert jedoch die öffentliche Sicherheit die Anordnung von Sicherungsmaßregeln gegen den Freigesprochenen, so soll die urtheilende Gerichtsbehörde beim Regierungsrathe einen sachbezüglichen Antrag stellen (Art. 47).

Art. 46.

Strafmilderung wegen Jugend.

Wird entschieden, daß er mit Unterscheidungskraft gehandelt habe, so sind folgende Strafen auszusprechen:

Statt der verwirkten Todes- oder lebenslänglichen Zuchthausstrafe Enthaltung in einer Besserungsanstalt von zwei bis zu zwölf Jahren.

Statt der verwirkten zeitlichen Zuchthaus- und der Korrektionshausstrafe Enthaltung in einer Besserungsanstalt von höchstens der Hälfte der auf die begangene That gesetzten höchsten Strafdauer. Ueberdieß kann unter das niedrigste Strafmaß herabgegangen werden. Die ausgesprochenen Enthaltungsstrafen sollen, wenn möglich, in Anstalten, die ausschließlich für jugendliche Verurtheilte bestimmt sind, vollzogen werden.

Art. 47.

Sicherungsmaßregeln gegen Unzurechnungsfähige

Dem Regierungsrathe steht die Befugniß zu, gegen Personen, die wegen mangelnder Zurechnungsfähigkeit von Strafe befreit worden sind (Art. 43 und 45), oder die ihrer Jugend wegen keiner Strafverfolgung unterliegen (Art. 44),

wenn es die öffentliche Sicherheit erfordert, geeignete Siche=
rungsmaßregeln zu treffen, die nöthigen Falls in der Ver=
wahrung in einer angemessenen Enthaltungs= oder Irren=
anstalt bestehen können.

Die Enthaltung darf jedoch, wenn die Straflosigkeit oder
die Freisprechung lediglich in dem auf der Jugend des Thäters
beruhenden Mangel an Unterscheidungskraft ihren Grund hat
(Art. 44 und 45), die höchste Strafdauer, die im Fragefall
gegen ihn hätte ausgesprochen werden können, und jeden=
falls dessen zwanzigstes Altersjahr nicht überschreiten.

Die Behörde, welche den Strafpunkt erledigt, soll, wenn
sie die Anordnung von Sicherungsmaßregeln für nöthig hält,
beim Regierungsrath einen sachbezüglichen Antrag stellen.

Art. 48.

Gegen Verbrecher, die im Zeitpunkte der Begehung eines
mit der Todes= oder mit lebenslänglicher Zuchthausstrafe
bedrohten Verbrechens das achtzehnte Altersjahr noch nicht
zurückgelegt hatten, soll statt dieser Strafen zwanzigjähriges
Zuchthaus ausgesprochen werden.

Ausschluß der Todesstrafe wegen Jugend.

Art. 49.

Die Todesstrafe soll nicht ausgesprochen, sondern in
lebenslängliches Zuchthaus umgewandelt werden, wenn der
Angeklagte im Augenblicke seiner Verurtheilung das sieben=
zigste Altersjahr zurückgelegt hatte.

Ausschluß der Todesstrafe wegen Alters.

Art. 50.

Werden bei einem mit der Todesstrafe bedrohten Ver=
brechen mildernde Umstände angenommen, so soll lebensläng=
liches Zuchthaus oder zeitliches nicht unter zwanzig Jahren
ausgesprochen werden.

Art. 51.

Die zu Zuchthaus, zu Korrektionshaus oder zu einfacher
Enthaltung Verurtheilten dürfen vom Augenblicke an, wo
sie das siebenzigste Altersjahr zurückgelegt haben, nicht mehr
zur Arbeit angehalten werden.

Aufhören des Zwanges zur Arbeit wegen Alters.

Art. 52.

Nothwehr.

Wer in Anwendung gerechter Nothwehr, um sein oder anderer Leben, Leib, Eigenthum, Besitz oder Freiheit vor einem begonnenen oder unmittelbar brohenden, widerrechtlichen, gewaltthätigen Angriff zu schützen, eine sonst strafbare Handlung begeht, ist straflos, wenn die Gefahr nicht durch andere dem Betreffenden bekannte Mittel abgewendet werden konnte.

Art. 53.

Erlaubte Selbsthülfe.

Außer den Fällen der Nothwehr ist die Selbsthülfe im Besondern erlaubt dem rechtmäßigen Besitzer und denen, die ihm beistehen, um denjenigen, der in sein Besitzthum gewaltthätig und unbefugt eingedrungen ist, daraus zu vertreiben, oder um entwendetes Gut demjenigen, der noch im Fortbringen desselben begriffen ist, wieder abzunehmen.

Art. 54.

Ueberschreitung der Nothwehr und der Selbsthülfe.

Die bei Ausübung der Nothwehr (Art. 52) oder erlaubter Selbsthülfe (Art. 53) beigebrachten Verletzungen sind nur dann strafbar, wenn dieselben eine der in den Artikeln 139 bis und mit 141 benannten Folgen hatten und gleichzeitig das unter den obwaltenden Umständen gerechtfertigte Maß der Gewaltanwendung augenscheinlicher Weise überschritten worden ist. Es kann je nach Umständen immer unter das niedrigste Strafmaß und selbst auf Gefängniß herabgegangen werden.

Art. 55.

Nothstand.

Wer außer dem Fall der Nothwehr und der Selbsthülfe eine gesetzwidrige Handlung in einem nicht selbst verschuldeten Nothstande verübt hat zur Rettung seiner selbst oder seiner Verwandten in auf- oder absteigender Linie, seines Ehegatten oder seiner Geschwister aus einer gegenwärtigen, dringenden und anders nicht abzuwendenden Gefahr für Leib oder Leben, ist straflos.

Art. 56.

Die Bestimmungen über die Verjährung der strafbaren Handlungen und der Strafen sind im Gesetzbuch über das Verfahren in Straffachen enthalten.

Verjährung.

Art. 57.

In den vor die Gerichte gebrachten Fällen civilrechtlicher Verantwortlichkeit in Straffachen sollen die Civilgesetze Anwendung finden.

Titel V.

Vom Zusammentreffen mehrerer strafbaren Handlungen und vom Rückfall.

Art. 58.

Wer durch die nämliche Handlung mehrere Strafgesetze übertreten hat, wird nur mit der auf die schwerste der begangenen strafbaren Handlungen gesetzten Strafe belegt.

Anhäufung strafbarer Handlungen.

Art 59.

Wenn mehrere noch nicht beurtheilte strafbare Handlungen des nämlichen Thäters gleichzeitig zur Beurtheilung kommen, so soll die Strafe der schwersten ausgesprochen werden, wobei die übrigen als Erschwerungsgrund in Betracht kommen. Das für die schwerste That angedrohte höchste Strafmaß kann bei einem solchen Zusammentreffen strafbarer Handlungen je nach Umständen um die Hälfte erhöht werden.

Art. 60.

Diese Bestimmungen sind auch dann anwendbar, wenn ein Verurtheilter später strafbarer Handlungen wegen in Untersuchung gezogen wird, die er vor seiner frühern Verurtheilung begangen hat. In diesem Fall soll die früher ausgesprochene Strafe nur um so viel erhöht werden, als es der Ansicht der urtheilenden Gerichtsbehörde nach hätte geschehen müssen, wenn die fraglichen Handlungen gleich= zeitig mit den bereits beurtheilten zur gerichtlichen Verhand= lung gekommen wären.

Art. 61.

Sind die verschiedenen strafbaren Handlungen nur mit Geldbuße bedroht, so finden die Vorschriften des Art. 59 keine Anwendung, sondern es wird die für jede dieser Handlungen angedrohte Geldbuße verhängt.

Art. 62.

Rückfall.

Wer die ihm wegen einer strafbaren Handlung aufer= legte Strafe ganz oder theilweise ausgehalten hat, befindet sich im Rückfall, wenn er sich später der nämlichen oder einer gleichartigen Handlung schuldig macht.

Art. 63.

Der Rückfall bildet einen Erschwerungsgrund, in Folge dessen die gesetzliche Strafe um die Hälfte ihres höchsten Maßes erhöht werden kann. In den gesetzlich bestimmten Fällen kann die Erhöhung noch weiter gehen.

Art. 64.

Die wegen Rückfall zulässige Straferhöhung darf nicht stattfinden:

bei Verbrechen, wenn seit Vollendung der letzten pein= lichen oder korrektionellen Strafe und dem neuen Verbrechen zehn, und

bei Vergehen, wenn seit Vollendung der letzten pein= lichen oder korrektionellen Strafe und dem neuen Vergehen fünf Jahre verflossen sind.

Art. 65.

Zusammen= treffen von Anhäufung und Rückfall.

Wenn Anhäufung strafbarer Handlungen und Rückfall zusammentreffen, kann je nach Umständen die gesetzliche Strafe der strafbarsten That bis zum Doppelten ihres höchsten Maßes erhöht werden.

Art. 66.

In allen Fällen, in denen die höchste gesetzliche Strafe um die Hälfte erhöht (Art. 59, 63) oder verdoppelt (Art. 65) werden kann, darf dessen ungeachtet weder die längste Dauer der zeitlichen Zuchthausstrafe (zwanzig Jahre), der Korrektionshausstrafe (sechs Jahre) und der Gefängnißstrafe (sechzig Tage) überschritten, noch auf eine höhere Strafart übergegangen werden.

Beschränkung der Straferhöhung.

Besonderer Theil.

III. Buch.

Von den Verbrechen und Vergehen und ihrer Bestrafung.

Titel I.

Verbrechen und Vergehen gegen die Sicherheit des Staates.

A. Von den Angriffen
auf die äußere Sicherheit des Staates.

Art. 67.

Landesver-
rath.

Mit Zuchthaus bis zu zwanzig Jahren wird bestraft:

1) wer vorsätzlich durch Wort, Schrift oder durch Handlungen die Regierung eines andern Kantons oder eines nicht schweizerischen Staates zu einem Kriege gegen den Kanton Bern anreizt, oder nach ausgebrochenem Krieg den Feind auf irgend eine Weise unterstützt, oder, wenn er ein Kantonsangehöriger ist, die Waffen gegen den Kanton trägt;

2) wer treuloser Weise eine fremde Regierung zu einer für den Kanton Bern nachtheiligen Einmischung in dessen innere Angelegenheiten veranlaßt, oder bei einer ohne sein Zuthun stattfindenden Einmischung auf irgend eine Weise unterstützt, oder sonst durch widerrechtliche Handlungen die Interessen eines fremden Staates zum Nachtheil des Kantons Bern befördert;

3) wer auf rechtswidrige Weise den Kanton Bern oder einen Theil desselben in die Gewalt oder Abhängigkeit einer fremden Macht zu bringen, oder einen Theil desselben von dem Kantonalverbande loszureißen sucht;

4) wer in rechtswidriger Absicht die Kantonsgrenzen zerstört, verrückt oder ungewiß macht, oder Urkunden, die zu deren Feststellung dienen, ausliefert.

B. Angriffe auf die innere Ruhe des Staates.

Art. 68.

Mit Zuchthaus bis zu zehn Jahren wird bestraft:

Hochverrath.

1) wer es unternimmt, die bestehende Kantonsverfassung auf gewaltsame Weise umzustürzen oder zu ändern;

2) wer gewaltsamer Weise den Zusammentritt einer der höchsten Staatsbehörden, nämlich: des Großen Rathes, des Regierungsrathes oder des Obergerichts oder einer seiner Abtheilungen zu verhindern, oder eine dieser Behörden aufzulösen versucht, oder einen Angriff gegen ihre Freiheit oder Sicherheit unternimmt.

Art. 69.

Die in den Artikeln 67 und 68 angedrohte Zuchthausstrafe kann in einfache Enthaltung oder in Verweisung umgewandelt werden.

Umwandlung in einfache Enthaltung.

Art. 70.

Die in den Artikeln 67 und 68 bezeichneten Handlungen sind als vollendet zu betrachten, sobald der Angeklagte Alles gethan hat, was von ihm abhing, um die beabsichtigte Wirkung hervorzubringen.

Titel II.
Vom Aufruhr und Ungehorsam gegen obrigkeitliche Anordnungen.

Art. 71.

Aufruhr. Aufruhr ist vorhanden, wenn eine größere Anzahl von Personen sich öffentlich zusammengerottet und die Absicht an den Tag gelegt hat, mit Gewalt der Obrigkeit zu wider= stehen, eine Verfügung oder die Zurücknahme einer solchen von einer obrigkeitlichen Behörde zu erzwingen, oder wegen einer Amtshandlung Rache an einer öffentlichen Behörde zu nehmen.

Art. 72.

Legt sich der Aufruhr auf ergangene Aufforderung Seitens der zuständigen Civil= oder Militärbehörden sogleich, so sind die Anstifter (Rädelsführer) mit Korrektionshaus bis zu zwei Jahren zu bestrafen, wobei jedoch die Strafen für die Ver= übung anderer strafbarer Handlungen vorbehalten bleiben. Die übrigen Theilnehmer, die sich freiwillig zurückgezogen haben, bleiben straflos.

Art. 73.

Legt sich aber der Aufruhr auf die ergangene Auffor= derung nicht, so daß es nöthig wird, zur Herstellung der Ruhe und Ordnung Gewalt zu gebrauchen, so sind die Theilnehmer am Aufruhr, je nach dem Grade ihres Ver= schuldens, zu bestrafen:

1) mit Zuchthaus bis zu zehn Jahren, wenn Jemand dabei sein Leben verloren, oder an seinem Leibe oder an seinen Gütern Schaden erlitten hat;

2) mit Korrektionshaus bis zu drei Jahren, wenn dabei kein wirklicher Schaden verursacht worden ist.

Art. 74.

Diejenigen Theilnehmer am Aufruhr, welche sich dabei anderer Gesetzesverletzungen schuldig gemacht haben, werden für diese bestraft, wobei die Art. 58 und folgende über das Zusammentreffen mehrerer strafbaren Handlungen zur Anwendung kommen.

Art. 75.

Die durch die Artikel 72 und 73 angedrohte Zuchthaus- oder Korrektionshausstrafe kann in einfache Enthaltung oder in Verweisung umgewandelt werden.

Umwandlung in Enthaltung oder Verweisung.

Art. 76.

Wer sich rechtswidriger Weise einer Behörde, einem Beamten oder einem Bediensteten des Staates oder der Gemeinde in der Ausübung ihrer Amtspflichten widersetzt, wird bestraft:

Widersetzlichkeit gegen Beamte.

1) wenn ein Beamter, ein Polizeibediensteter oder eine dritte Person umgekommen oder verletzt worden ist, mit den Strafen der Tödtung und der Körperverletzung, welche in schweren Fällen um die Hälfte erhöht werden können;

2) wenn dabei Niemand verletzt worden ist, mit Gefängniß von acht bis zu vierzig Tagen. In sehr geringfügigen Fällen kann noch tiefer herabgegangen, oder nur Geldbuße von zehn bis auf fünfundzwanzig Franken ausgesprochen werden.

Art. 77.

Wer einen Untersuchungs- oder Strafgefangenen aus der Gewalt der Behörden oder ihrer Diener befreit, und wer einen zur Vornahme von Verhaftungen befugten Angestellten widerrechtlicher und gewaltthätiger Weise an der Ausführung einer solchen hindert, wird bestraft:

Befreiung von Gefangenen.

1) mit Korrektionshaus bis zu vier Jahren, wenn die Befreiung mittelst Anwendung oder Androhung von Gewalt gegen die zur Verwahrung oder Bewachung des Gefangenen aufgestellten Personen oder mittelst Erbrechung des Gefängnisses bewirkt worden ist;

24

2) mit Gefängniß bis zu sechszig Tagen oder mit Kor=
rektionshaus bis zu einem Jahr in allen andern Fällen.
Geschah die Befreiung durch den Ehegatten des Gefan=
genen oder durch deſſen Verwandte oder Verſchwägerte
in auf= oder abſteigender Linie oder im zweiten Grad der
Seitenlinie, ſo ſoll die verwirkte Strafe auf die Hälfte
herabgeſetzt werden.

Der Verſuch der in dieſem Artikel erwähnten Vergehen
wird beſtraft (Art. 30 u. f.).

Treffen mit der widerrechtlichen Befreiung von Gefan=
genen andere Geſetzesverletzungen zuſammen, ſo kommen die
Art. 58 und folgende zur Anwendung.

Art. 78.

Ein Beamter oder Angeſtellter, welchem die Verwahrung
oder Bewachung eines Gefangenen übertragen iſt, wird, wenn
er deſſen Entweichung vorſätzlich bewirkt oder befördert, mit
Zuchthaus bis zu fünf Jahren oder mit Korrektionshaus
von vier Monaten bis zu vier Jahren beſtraft.

Hat die Entweichung nur in Folge von Fahrläſſigkeit
ſtattgefunden, ſo tritt Gefängniß bis zu vierzig Tagen oder
Geldbuße bis zu hundert Franken ein.

Art. 79.

Umwandlung in einfache Enthaltung und Verweiſung.

Die durch die Artikel 77 und 78 angedrohte Zuchthaus=
oder Korrektionshausſtrafe kann in einfache Enthaltung und
in den Fällen, wo der Befreite nur wegen Handlungen
enthalten iſt, die mit Verweiſung belegt werden können,
auch in dieſe umgewandelt werden.

Art. 80.

Entweichung von Gefan-
genen.

Gefangene, welche mittelſt Aufbrechung des Gefängniſſes
oder Gewaltanwendung entwichen ſind, oder den Verſuch
zur Entweichung gemacht haben, werden einzig dieſer Hand=
lung wegen mit Gefängniß von acht bis zu dreißig Tagen
beſtraft. Dieſe Strafe haben ſie auszuhalten unmittelbar

nach Vollendung derjenigen, die sie des Verbrechens oder Vergehens wegen, um deßwillen sie verhaftet waren, verwirkt haben, oder unmittelbar nachdem sie von diesen Verbrechen oder Vergehen freigesprochen worden sind.

Die Bestrafung für andere Verbrechen oder Vergehen, welche sie mittelst ihrer Gewaltanwendung begangen haben mögen, bleibt vorbehalten.

Art. 81.

Wer eine ihm durch Strafurtheil auferlegte Verweisung übertritt, soll mit Gefängniß von acht bis zu vierzig Tagen bestraft und hierauf über die Grenze geführt werden, um den Rest seiner Verweisung auszuhalten. *Verweisungsbruch.*

Art. 82.

Wer ein ihm durch Strafurtheil auferlegtes Wirthshausverbot übertritt, wird mit Gefängniß bis zu zwanzig Tagen bestraft. *Uebertretung eines Wirthshausverbots.*

Titel III.
Von den strafbaren Handlungen gegen das obrigkeitliche Ansehen.

Art. 83.

Wer sich unbefugter Weise in öffentliche Civil- oder Militäramtsverrichtungen einmischt, oder die in eine dieser Verrichtungen einschlagenden Handlungen vornimmt, wird mit Korrektionshaus bis zu sechs Monaten, womit eine Geldbuße bis auf höchstens zweihundert Franken verbunden werden soll, bestraft; die Fälle, wo die That eine schwerere Gesetzesverletzung enthält, vorbehalten. *Amtsanmaßung.*

In geringfügigen Fällen kann Gefängniß von fünfzehn bis zu sechszig Tagen ausgesprochen werden.

Art. 84.

Wer sich durch Geschenke oder Versprechungen von Geld oder andern Vortheilen ein öffentliches Amt verschafft hat, *Amtserschleichung.*

3

wird mit Gefängniß von acht bis zu dreißig Tagen oder mit Geldbuße von fünfzig bis zu zweihundert Franken und mit Absetzung bestraft und soll gleichzeitig bis zu fünf Jahren unfähig erklärt werden, Staats = oder Gemeindestellen zu bekleiden.

Art. 85.

Wahlbetrug. Wer vor oder bei den Wahlen oder Wahlvorschlägen der Wahl= oder der Gemeindeversammlungen durch betrie=gerische Handlungen irgend einer Art oder durch Zusiche=rung oder wirkliche Leistung eines materiellen Vortheils un=mittelbar oder mittelbar Stimmen für sich oder andere zu gewinnen sucht, und wer solche Leistungen oder Zusicherungen annimmt ;

wer durch widerrechtliche Drohungen oder durch Gewalt das Nämliche zu bewirken sucht ;

wer durch eine der eben erwähnten Handlungen auf das Abstimmungsergebniß einer politischen, einer Wahl= oder einer Gemeindeversammlung einzuwirken versucht ;

wird, falls die That nicht in eine schwerere Gesetzes=verletzung übergeht, mit Gefängniß bis zu sechszig Tagen oder mit Korrektionshaus bis zu sechs Monaten bestraft, womit eine Einstellung im Aktivbürgerrecht bis zu fünf Jahren verbunden werden kann.

Art. 86.

Störung von Wahlver=sammlungen. Wer gesetzlich abgehaltene politische oder Wahl= oder Gemeindeversammlungen stört, oder Stimmberechtigte an der Ausübung ihres Stimmrechts durch Gewalt oder unbe=fugte Drohungen zu hindern sucht, wird, falls die That nicht in eine schwerere Gesetzesverletzung übergeht, mit Gefängniß bis zu sechszig Tagen oder je nach Umständen mit Korrektionshaus bis zu sechs Monaten, oder wenn die That durch eine zusammengerottete Menge verübt worden ist, bis zu einem Jahre bestraft. Die Schuldigen sollen in allen Fällen im Aktivbürgerrecht bis zu fünf Jahren eingestellt werden.

Art. 87.

Die durch die Art. 83 und 86 angedrohte Korrektions= **Umwandlung**
hausstrafe kann in einfache Enthaltung umgewandelt werden. **in einfache Enthaltung.**

Titel IV.

Von den strafbaren Handlungen der öffentlichen Beamten.

Art. 88.

Wer mittelst Versprechungen, Anerbietungen oder Ge= **Bestechung.**
schenken einen öffentlichen Verwaltungs= oder Gerichtsbeamten oder einen Diener oder Vorgesetzten einer öffentlichen oder Gemeindsverwaltung zur Vornahme oder Unterlassung einer amtlichen Handlung bestimmt hat oder bestimmen wollte, oder wer sich durch die nämlichen Mittel einen Einfluß auf die Art der Vornahme der amtlichen Handlung oder einen Vortheil aus derselben verschafft hat oder zu verschaffen versuchte, wird mit Korrektionshaus bis zu sechs Monaten und in geringfügigen Fällen mit Gefängniß von acht bis zu sechszig Tagen bestraft, wenn gleich der angebotene Gegenstand nicht angenommen worden ist.

Im Falle der Anwendung von Gewalt oder von Dro= hungen kommen die Vorschriften des Art. 208 über Erpres= sung zur Anwendung.

Der Beamte oder Angestellte, welcher derartige Vor= theile, sei es persönlich oder mittelst eines seiner Familien= angehörigen, angenommen hat, wird mit Gefängniß bis zu dreißig Tagen und gleichzeitig mit einer Geldbuße von fünfzig bis zu fünfhundert Franken und, wenn er wirklich eine pflichtwidrige Amtshandlung vorgenommen hat, mit Korrektionshaus bis zu zwei Jahren und in geringfügigen

Fällen mit Gefängniß von acht bis zu sechszig Tagen be=
straft. In diesem Fall soll dessen Absetzung und eine Ein=
stellung in der bürgerlichen Ehrenfähigkeit bis zu fünf Jahren
ausgesprochen werden.

Art. 89.

Hat sich ein Richter oder ein Geschworner zu Ungunsten
oder zu Gunsten eines Angeschuldigten oder einer Partei
bestechen lassen, so soll die im letzten Absatz des Art. 88
angedrohte Strafe um drei Monate bis zu einem Jahr er=
höht werden.

Art. 90.

Dem der Bestechung Schuldigen werden weder die von
ihm gegebenen Gegenstände zurückgegeben, noch wird ihm
deren Werth ersetzt; sie sollen zum Vortheil des Staates
konfiszirt werden.

Art. 91.

Amts=mißbrauch. Ein Staats= oder Gemeindebeamter, der vorsätzlich die
ihm anvertraute Gewalt zu unerlaubter Benachtheiligung
oder Begünstigung einer Person mißbraucht, soll unter
Vorbehalt der etwa verwirkten höhern Strafe mit Korrek=
tionshaus bis zu zwei Jahren und mit Geldbuße von fünfzig
bis zu fünfhundert Franken bestraft, gleichzeitig seines Amtes
entsetzt und bis zu fünf Jahren in der bürgerlichen Ehren=
fähigkeit eingestellt werden.

Bei der Strafzumessung soll namentlich auf den Beweg=
grund des Schuldigen, auf den Grad des Amtsmißbrauches
und auf den verursachten oder beabsichtigten Schaden Rück=
sicht genommen werden.

Art. 92.

Unterschla=gung durch Beamte. Jeder Staats= oder Gemeindsbeamte, welcher in der
Absicht, einem andern zu schaden, oder sich oder einem Dritten
einen rechtswidrigen Vortheil zu verschaffen, öffentliche

oder Privatgelder oder Forderungsscheine, die deren Stelle vertreten, oder Schriften, Titel, Urkunden oder beweg= liche Gegenstände, welche er vermöge seiner Amtsverrich= tungen in Händen hatte, oder die ihm mit Rücksicht auf dieselben oder endlich als Depositum anvertraut worden sind, bei Seite schafft oder unterschlägt, wird bestraft:

1) wenn der Werth der bei Seite geschafften (unterschla= genen) Gegenstände den Betrag von dreihundert Franken übersteigt, mit Zuchthaus bis zu sechs Jahren;

2) wenn dieser Werth den Betrag von dreihundert Franken nicht übersteigt, mit Korrektionshaus bis zu vier Jahren, womit Absetzung und Einstellung in der bürgerlichen Ehrenfähigkeit bis zu fünf Jahren verbunden werden soll.

Der Versuch wird bestraft (Art. 30 u. f.).

Es kann je nach Umständen Straflosigkeit eintreten, wenn der Angeschuldigte den Werth der unterschlagenen Sache auf geschehene Aufforderung hin sofort vollständig ersetzt.

Titel V.
Von den Friedensstörungen.
Art. 93.

Wer einen erlaubten öffentlichen Gottesdienst oder einen Leichenzug vorsätzlich stört, wird mit Gefängniß bis zu vierzig Tagen oder mit Geldbuße von zwanzig bis zu hundert Franken bestraft. Die Bestrafung von dabei begangenen schweren Gesetzesverletzungen wird vorbehalten.

Störung des Gottes= dienstes.

Art. 94.

Wer Gegenstände der Verehrung einer im Staate aner= kannten Religionsgesellschaft oder ihre Lehren, Einrichtungen oder Gebräuche durch Bezeigung von Spott oder Verach=

Herabwürdi= gung der Religion.

tung auf eine öffentliches Aergerniß erregende Weise herab=
würdigt, wird mit Gefängniß bis zu vierzig Tagen oder
mit Geldbuße bis zu zweihundert Franken bestraft.

Art. 95.

Hausfriebens=
bruch.

Wer in fremde Gebäude oder Wohnungen oder in andere
menschliche Aufenthaltsorte oder in umfriebete Bezirke wider=
rechtlich eindringt, oder ohne Befugniß und gegen den Willen
des Berechtigten darin verweilt, wird wegen Hausfriebens=
bruch auf Klage des Betheiligten hin bestraft:

1) wenn er mit Waffen versehen war, oder wenn er Ge=
   walt an Personen oder Sachen verübt hat, mit Kor=
   rektionshaus bis zu zwei Jahren. Die Korrektions=
   hausstrafe kann in einfache Enthaltung umgewandelt
   werden.

2) wenn er weder mit Waffen versehen war, noch Gewalt
   verübt hat, mit Gefängniß bis zu vierzig Tagen.

Wegen geringer Verletzungen, welche dem Friedensstörer
von dem zur Abwehr Berechtigten beigebracht worden sind,
ist Letzterer nicht strafbar. Wenn hingegen die Verletzungen
der Art sind, daß sie unter die Art. 139, 140 oder 141
fallen, so treten die Bestimmungen über Nothwehr ein
(Art. 52 und 54).

Ist bei der Geltendmachung des Hausrechts das er=
laubte Maß von Gewaltanwendung gröblich überschritten
und der Eindringling in Folge dieser Ueberschreitung schwer
verletzt worden, so kann bei der Bestrafung des Hausfrie=
densbruchs selbst in dem unter Ziff. 1 berührten Fall auf
Gefängniß herabgegangen werden.

Art. 96.

Unerlaubte
Selbsthülfe.

Wer mit Umgehung der amtlichen Hülfe außer den ge=
setzlich erlaubten Fällen seine wirklichen oder vermeintlichen
Rechtsansprüche eigenmächtig geltend macht, soll auf Klage

des Verletzten hin wegen unerlaubter Selbsthülfe mit Ge=
fängniß bis zu vierzig Tagen oder mit Geldbuße bis zu
zweihundert Franken bestraft werden.

Handlungen, die ihrer Natur nach lediglich als civil=
rechtliche Besitzesstörungen zu betrachten sind, fallen nicht
unter diese Bestimmung.

Art. 97.

Wer die öffentliche Ruhe und Ordnung durch groben **Störung der**
Unfug stört, wird mit Gefängniß bis zu vierzig Tagen **öffentlichen**
bestraft, womit Geldbuße bis zu fünfzig Franken oder Ver= **Ruhe.**
weisung bis zu einem Jahr verbunden werden soll.

In ganz geringfügigen Fällen findet nur polizeiliche
Bestrafung statt (Art. 256, Ziff. 6).

Art. 98.

Wer durch Schrift oder in irgend einer andern Weise **Drohungen.**
mit Mord, Vergiftung oder andern Angriffen auf die Person
oder mit Brandstiftung droht, soll, wenn die Umstände die
Verwirklichung der Drohungen befürchten lassen, mit Kor=
rektionshaus bis zu zwei Jahren bestraft werden, womit
Einstellung in der bürgerlichen Ehrenfähigkeit bis zu fünf
Jahren verbunden werden kann.

In geringfügigen Fällen kann Gefängniß bis auf sechszig
Tage ausgesprochen werden.

Ist die Drohung nur gegen bestimmte Privatpersonen
gerichtet, so findet eine Strafverfolgung nur auf Antrag
der Bedrohten statt.

Art. 99.

Wer einen Andern durch Zucken eines Messers oder **Messerzucken.**
anderer Werkzeuge, welche zu Beibringung lebensgefähr=
licher Verletzungen besonders geeignet sind, thätlich bedroht,
wird mit Gefängniß bis zu vierzig Tagen bestraft, womit
Geldbuße bis zu zweihundert Franken oder Verweisung bis
zu einem Jahr verbunden werden soll.

Art. 100.

Aufforderung zu Verbrechen.

Wer mittelst der Druckerpresse oder eines andern zur Veröffentlichung dienlichen Mittels zur Verübung einer strafbaren Handlung auffordert, wird mit Gefängniß bis zu vierzig Tagen oder mit Geldbuße bis zu zweihundert Franken bestraft.

Ist die fragliche Handlung auf die Aufforderung hin wirklich begangen worden, so wird der Anstifter als Miturheber angesehen (Art. 35 und 36).

Titel VI.

Strafbare Handlungen gegen öffentliche Treue und Glauben.

I. Abschnitt.

Von den Fälschungen.

I. Falschmünzerei.

Art. 101.

Münzfälschung.

Wer schweizerische oder fremde Münzen, welche in der Schweiz gesetzliche Geltung haben, nachmacht oder verfälscht, und wer im Einverständnisse mit Falschmünzern falsche oder verfälschte Münze im Kanton verbreitet, wird mit Zuchthaus bis zu fünfzehn Jahren oder mit Korrektionshaus bis zu vier Jahren bestraft; mit letzterer Strafe soll immer eine Einstellung in der bürgerlichen Ehrenfähigkeit bis zu fünf Jahren verbunden werden.

Art. 102.

Ausgeben falschen Geldes.

Wer ohne Einverständniß mit Falschmünzern wissentlich falsches oder verfälschtes Geld ausgibt, wird wegen Münzbetrug bestraft:

1) wenn er die Münzen wissentlich als falsch oder verfälscht eingenommen hatte, mit Korrektionshaus bis zu zwei Jahren, womit eine zwei- bis fünfjährige Ein-

stellung in der bürgerlichen Ehrenfähigkeit verbunden werden kann, oder mit Gefängniß von acht bis zu sechszig Tagen;

2) wenn er die falschen oder verfälschten Münzen als ächt eingenommen hatte, mit Gefängniß bis zu höchstens vierzig Tagen oder mit Geldbuße bis zu zweihundert Franken.

Der Versuch der in diesem Artikel benannten Vergehen wird bestraft (Art. 30 u. f.).

Art. 103.

Personen, welche sich einer der in den Artikeln 101 und 102 benannten strafbaren Handlungen schuldig gemacht haben, sind straffrei, wenn sie vor deren Vollendung und vor jeder Verfolgung den Behörden davon Kenntniß gegeben und die Urheber angegeben haben.

II. Fälschung von Siegeln und Stempeln.

Art. 104.

Wer in widerrechtlicher Absicht Siegel, Stempel oder Waldhämmer einer Staats- oder Gemeindsbehörde oder einer öffentlichen Anstalt oder die zur Bezeichnung von Waaren oder Lebensmitteln bestimmten öffentlichen Zeichen nachmacht oder verfälscht, wird mit Korrektionshaus bis zu zwei Jahren und in geringfügigen Fällen mit Gefängniß von vierzehn bis zu sechszig Tagen bestraft, womit eine Einstellung in der bürgerlichen Ehrenfähigkeit bis zu fünf Jahren verbunden werden kann.

Fälschung von Siegeln und Stempeln.

Art. 105.

Wer in widerrechtlicher Absicht Siegel, Stempel oder Zeichen einer Privatanstalt oder von Privatpersonen nachmacht oder verfälscht, wird mit Korrektionshaus bis zu einem Jahre und in geringern Fällen mit Gefängniß bis

34

zu sechszig Tagen bestraft, womit Einstellung in der bürger=
lichen Ehrenfähigkeit bis zu fünf Jahren verbunden werden
kann.

III. Von der Fälschung öffentlicher Schriften oder von Handels= und Bankpapieren.

Art. 106.

Fälschung
öffentlicher
Urkunden.

Wer in widerrechtlicher Absicht Werthpapiere, die vom
Staate oder von Staatsanstalten in Umlauf gesetzt worden
sind, nachmacht oder verfälscht, wird mit Zuchthaus bis
zu zwölf Jahren oder mit Korrektionshaus von sechs Mona=
ten bis zu zwei Jahren bestraft. Mit letzterer Strafe soll
immer eine Einstellung in der bürgerlichen Ehrenfähigkeit
bis zu fünf Jahren verbunden werden.

Art. 107.

Jeder Beamte oder Angestellte des Staates oder der
Gemeinde, der bei Ausübung seiner Amtsverrichtungen eine
Fälschung begeht:

mittelst falscher Unterschrift,

mittelst Veränderung von Urkunden, Schriften oder Unter=
schriften,

mittelst Unterschiebung von Personen,

mittelst Beisätzen oder Einschaltungen in öffentliche Re=
gister oder andere öffentliche Urkunden, nachdem sie
fertig oder geschlossen sind, und

jeder Beamte oder Angestellte des Staates oder der
Gemeinde, welcher bei Abfassung der in sein Amt einschla=
genden Urkunden das Wesen oder die Umstände derselben
betrügerischer Weise verändert, sei es, indem er andere als
die durch die Parteien entworfenen und diktirten Verabre=
dungen niederschreibt, sei es, daß er falsche Thatsachen als
wahr oder nicht eingestandene Thatsachen als eingestanden
beurkundet:

wird mit Zuchthaus bis zu fünfzehn Jahren und in
geringern Fällen mit Korrektionshaus bis zu zwei Jahren
bestraft; mit der Korrektionshausstrafe soll eine Einstellung
in der bürgerlichen Ehrenfähigkeit bis zu fünf Jahren und
Absetzung des Schuldigen verbunden werden.

Art. 108.

Alle andern Personen, welche eine authentische und öffent=
liche Urkunde oder ein Handels = oder Bankpapier fälschen
oder fälschlich anfertigen:

mittelst Nachmachung oder Veränderung von Schriften
oder Unterschriften, oder

durch Anfertigung unwahrer Verabredungen, Verfügun=
gen, Verbindlichkeiten oder Entladnissen oder durch deren
Einschiebung in bereits fertige Urkunden oder auf irgend
eine andere Weise, werden bestraft:

1) mit Zuchthaus bis zu zehn Jahren, wenn der einge=
    tretene oder beabsichtigte Nachtheil den Betrag von
    dreihundert Franken übersteigt;
2) mit Korrektionshaus bis zu vier Jahren, wenn jener
    Nachtheil den Betrag von dreihundert Franken nicht
    übersteigt, womit Einstellung in der bürgerlichen Ehren=
    fähigkeit bis zu fünf Jahren verbunden werden soll.

Art. 109.

Bei der Strafzumessung innert dem gesetzlichen Spiel=
raum ist namentlich die Wichtigkeit der gefälschten Urkunde,
das Maß des verursachten oder beabsichtigten Schadens und
der Grad der Seitens des Schuldigen an den Tag gelegten
Verdorbenheit zu berücksichtigen.

IV. **Von der Fälschung von Privaturkunden.**

Art. 110.

Wer auf eine der im Art. 108 bezeichneten Arten oder   Fälschung
in irgend einer andern Weise eine oder mehrere Privat=   von Privat=
urkunden fälscht, wird bestraft: urkunden.

1) mit Zuchthaus bis zu acht Jahren, wenn der eingetretene oder beabsichtigte Nachtheil den Betrag von
dreihundert Franken übersteigt;

2) mit Korrektionshaus bis zu vier Jahren, wenn er den
Betrag von dreißig, aber nicht den von dreihundert
Franken übersteigt;

3) mit Gefängniß bis zu vierzig Tagen, wenn er den
Betrag von dreißig Franken nicht übersteigt.

Mit der Korrektionshaus= oder Gefängnißstrafe soll eine
Einstellung in der bürgerlichen Ehrenfähigkeit bis zu fünf
Jahren verbunden werden.

Bei der Strafzumessung kommen die Vorschriften des
Art. 109 zur Anwendung.

V. Von der Fälschung von Pässen, Marschrouten, Wanderbüchern und Zeugnissen.

Art. 111.

Mit Gefängniß bis zu sechzig Tagen und in schwereren
Fällen mit Korrektionshaus bis zu sechs Monaten wird
bestraft:

1) wer einen falschen Paß oder eine falsche Reiseroute oder
ein falsches Wanderbuch verfertigt oder ächte Ausweis=
schriften der benannten Art verfälscht;

2) wer in den genannten Schriften einen falschen Namen
annimmt oder dazu beiträgt, sie unter einem solchen
auszuliefern;

3) wer, um sich selbst oder einen Dritten von irgend
einem öffentlichen Dienst zu befreien, unter dem fal=
schen Namen eines Arztes, Chirurgen oder irgend eines
andern Gesundheitsbeamten ein Krankheits= oder Ge=
brechlichkeitszeugniß ausfertigt;

4) Aerzte, Chirurgen und andere Gesundheitsbeamte, die, um Jemanden zu begünstigen, unrichtige Zeugnisse über den Gesundheitszustand oder das Leben einer Person ausstellen;

5) wer unter dem Namen eines öffentlichen Beamten oder Angestellten ein falsches Zeugniß über gute Aufführung, Armuth oder andere Umstände verfertigt, welche geeignet sind, der darin benannten Person das Wohlwollen von Behörden oder von Privatpersonen oder Stellen, Kredit oder Hülfe zu verschaffen, oder wer ein ursprünglich ächtes Zeugniß der genannten Art fälscht, um es für eine andere Person anzupassen, als diejenige, für die es ursprünglich ausgestellt worden ist;

6) wer außer den hievor genannten Fällen, auch ohne Absicht, Jemanden zu benachtheiligen, in widerrechtlicher Absicht unter dem Namen eines öffentlichen Beamten oder Angestellten falsche Zeugnisse irgend einer Art ausstellt oder ächte verfälscht.

Mit den gemäß den Bestimmungen dieses Artikels ausgesprochenen Strafen kann Einstellung in der bürgerlichen Ehrenfähigkeit bis zu fünf Jahren und in der Ausübung eines in Folge Patentes ausgeübten Berufes verbunden werden.

Art. 112.

Wer sich außer den in diesem Abschnitt benannten Fällen hinsichtlich solcher Rechte eines Andern, die keine bestimmte Schatzung zulassen, einer Fälschung schuldig macht, wird mit Gefängniß bis zu sechszig Tagen oder mit Korrektionshaus bis zu vier Jahren bestraft.

VI. Von dem Gebrauch gefälschter Gegenstände.

Art. 113.

In den in den Artikeln 104 bis und mit 112 vorgesehenen Fällen wird Derjenige, der wissentlich von einem
Gebrauch gefälschter Gegenstände.

falschen oder gefälschten Gegenstand oder einer dergleichen
Urkunde einen widerrechtlichen Gebrauch macht, mit den
für die Fälschung festgesetzten Strafe belegt.

II. Abschnitt.

Vom falschen Eid und vom falschen Zeugniß.

Art. 114.

Meineid. Wer nach Erreichung des gesetzlichen Alters der Eides=
mündigkeit vor einer Gerichtsbehörde wissentlich eine falsche
Thatsache beschwört, oder auf eine andere dem Eidschwur
gleichkommende Weise versichert, und

wer nach seiner eiblichen oder auf eine andere feierliche
Weise gegebenen Versicherung, die Wahrheit zu sagen,
wissentlich eine falsche Erklärung abgibt,

wird wegen Meineides bestraft:

1) mit Zuchthaus bis zu zehn Jahren, wenn die falsche
   Aussage in einer Straffache gemacht worden ist; falls
   ein Todesurtheil oder eine Verurtheilung zu lebens=
   länglichem Zuchthaus erfolgt ist, kann bis auf zwanzig
   Jahre Zuchthaus gegangen werden;
2) mit Zuchthaus bis zu sechs Jahren, wenn die falsche
   Aussage durch eine Partei oder durch Zeugen in einer
   Civilsache gemacht worden ist.

Art. 115.

Mit den Strafen des Meineides nach den im vorher=
gehenden Artikel gemachten Unterscheidungen werden auch
die Sachverständigen belegt, welche vor einer öffentlichen
Behörde wissentlich eine falsche Erklärung oder ein falsches
Gutachten beschwören, oder nach dem vor ihrer Vernehmung
geleisteten Eid, die Wahrheit zu erklären, wissentlich falsche
Erklärungen oder Gutachten abgeben.

Art. 116.

Die statt der Eidesleistung zulässigen Bekräftigungs-
formeln besonderer religiösen Gesellschaften sind dem förm-
lichen Eide gleich zu achten.

Art. 117.

Wer die in den Artikeln 114 und 115 benannten Handlungen nicht aus böser Absicht, sondern nur aus Mangel
an Aufmerksamkeit oder Ueberlegung begeht, wird mit Korrektionshaus bis zu zwei Jahren und in geringfügigen Fällen
mit Gefängniß bis zu sechszig Tagen bestraft.

*Fahrlässiger
Eid.*

Art. 118.

Wenn der Aussagende, dem von Amteswegen oder durch
die Parteien die Ableistung des Eides erlassen worden ist,
sich wissentlich falscher Aussagen vor Gericht schuldig gemacht hat, so wird er mit Gefängniß bis zu sechszig Tagen
oder mit Korrektionshaus bis zu drei Jahren bestraft.

*Unbeschworne
falsche Aus-
sage.*

Art. 119.

Wer Jemanden zu falschen Aussagen anstiftet, verfällt
den nämlichen Strafbestimmungen, die auf den Meineid
oder auf das falsche Zeugniß Anwendung finden.

Art. 120.

Wird die beschworne oder unbeschworne falsche Erklärung zurückgezogen, bevor eine Anzeige gemacht und bevor
ein Nachtheil entstanden ist, so kann Strafmilderung (Art 31)
und je nach Umständen Straflosigkeit eintreten.

*Zurückziehung
der falschen
Aussage.*

Art. 121.

Mit den gemäß den Bestimmungen dieses Abschnitts
ausgesprochenen korrektionellen Strafen kann immer eine
Einstellung in der bürgerlichen Ehrenfähigkeit bis zu fünf
Jahren verbunden werden.

Befondere Beftimmung.

Art. 122.

Die Strafbeftimmungen betreffend Landstreicherei, Bettel und Vernachläßigung der Pflichten gegen die Familie find in befondern Gefeßen enthalten. Die mit Ausnahme des Gefängniffes ausgefprochenen Strafen find in diefen Fällen in einer befondern Anftalt zu vollziehen (Arbeitshaus).

Titel VII.

Von den ftrafbaren Handlungen gegen die Perfonen.

I. Abfchnitt.

Von den ftrafbaren Handlungen gegen das Leben.

Art. 123.

Mord.

Wer vorfäßlich und mit Vorbedacht einen Menfchen tödtet, macht fich des Mordes fchuldig und wird mit dem Tode beftraft.

Art. 124.

Vergiftung von Brunnen u. f. w.

Mit der nämlichen Strafe wird belegt, wer in der Abficht, Jemanden des Lebens zu berauben oder an der Gefundheit zu befchädigen, Brunnen, Waaren, die zum öffentlichen Verkauf oder zum Gebrauch beftimmt find, oder überhaupt Sachen vergiftet, durch deren Genuß oder Gebrauch ein oder mehrere Menfchen das Leben oder die Gefundheit verlieren können, infofern wirklich Jemand das Leben verloren hat. Hat in Folge deffen Niemand das Leben verloren, fo tritt die Strafe des Verfuchs ein (Artifel 30 u. f.).

Art. 125.

Hülfe bei'm Selbftmord.

Wer zur Ausführung eines Selbftmordes wiffentlich Hülfe leiftet, kann mit Korrektionshaus bis zu vier Jahren beftraft werden.

Art. 126.

Wer vorsätzlich, aber ohne Vorbedacht einen Menschen tödtet, wird wegen Todtschlags mit Zuchthaus von fünf bis zu fünfzehn Jahren bestraft.

Die Strafe kann bis auf zweijähriges Zuchthaus herabgesetzt werden, wenn der Schuldige Seitens des Getödteten unmittelbar vor Begehung der That auf unbefugte Weise gereizt worden ist (Art. 145).

Todtschlag

Art. 127.

Die Tödtung aus Fahrlässigkeit (Art. 29) wird je nach dem Grade der letztern und der Größe der hieraus entstandenen Nachtheile mit Korrektionshaus bis zu zwei Jahren bestraft.

Mit dieser Strafe kann Geldbuße bis zu tausend Franken verbunden werden.

Fahrlässige Tödtung.

Art. 128.

Die in den Artikeln 125, 126 und 127 angedrohte Zuchthaus- und Korrektionshausstrafe kann in einfache Enthaltung umgewandelt werden.

Art. 129.

Eine Mutter, welche ihr uneheliches Kind während oder kurze Zeit nach der Geburt durch Handlungen oder Unterlassungen vorsätzlich um das Leben bringt, wird wegen Kindsmord mit Zuchthaus von zwei bis zu fünfzehn Jahren bestraft.

Kindsmord.

Art. 130.

Ist das Leben des Kindes, an welchem die Mutter vorsätzlich lebensgefährliche Handlungen vorgenommen hat, nicht mit Sicherheit ermittelt, so wird die Thäterin mit Zuchthaus bis zu acht Jahren bestraft.

Art. 131.

Eine nicht in der Ehe lebende schwangere Weibsperson, welche vorsätzlich, jedoch ohne Absicht ihr Kind zu tödten,

Niederkunfts- verheim- lichung.

ohne Beisein einer andern Person oder doch nur in Gegen=
wart solcher Personen niedergekommen ist, die mit ihr zur
Verheimlichung der Niederkunft einverstanden waren, wird
bestraft:

1) mit Korrektionshaus von sechs Monaten bis zu zwei
   Jahren, wenn das Kind während oder nach der Ge=
   burt gestorben ist und dessen Tod als Folge der ver=
   heimlichten Niederkunft betrachtet werden muß;

2) mit Korrektionshaus bis zu sechs Monaten, wenn zwar
   das Kind gestorben oder todt zur Welt gekommen ist,
   aber ohne daß dieß als eine Folge der Niederkunfts=
   verheimlichung betrachtet werden kann.

Art. 132.

Heimliche Beseitschaffung des Kindes. Hat die Weibsperson ihr todtgebornes oder nach der
Geburt gestorbenes Kind ohne amtliche Erlaubniß heimlich
beerbigt oder sonst auf die Seite geschafft, so kann die
Strafe der Niederkunftsverheimlichung im Falle des vor=
hergehenden Artikels, Ziff. 1, bis zu dreijähriger und im
Falle von Ziff. 2 bis zu neunmonatlicher Korrektionshaus=
strafe erhöht werden.

Art. 133.

Die in den Artikeln 131 und 132 ausgesprochene Kor=
rektionshausstrafe kann in einfache Enthaltung umgewandelt
werden.

Art. 134.

Niederkunfts- verheimlichung ohne Folgen. Hat eine mit einem unehelichen Kinde niedergekommene
Weibsperson sowohl ihre Schwangerschaft als ihre Nieder=
kunft verheimlicht, so wird sie, wenn hieraus für das lebendig
zur Welt gekommene Kind keine nachtheiligen Folgen ent=
standen sind, wegen unterlassener Befolgung der gesetzlichen
Vorschriften mit Gefängniß von fünf bis zu vierzig Tagen
bestraft.

Art. 135.

Eine schwangere Weibsperson, welche in der rechts= Abtreibung der
Leibesfrucht. widrigen Absicht, eine Fehlgeburt oder den Tod der Frucht im Mutterleib zu bewirken, hiezu geeignete Mittel ange= wendet hat oder hat anwenden laſſen, wird, wenn ſie in Folge deſſen mit einem todten oder wegen Mangels an Reife nicht lebensfähigen Kind niedergekommen iſt, mit Zuchthaus bis zu fünf Jahren beſtraft.

Wer gewerbsmäßig einer Schwangern Beihülfe zur Abtreibung der Leibesfrucht leiſtet, wird mit Zuchthaus von zwei bis zu zehn Jahren beſtraft. Iſt die geleiſtete Beihülfe keine gewerbsmäßige, ſo wird der Gehülfe als Miturheber beſtraft.

Art. 136.

Wer an einer Schwangern ohne deren Einwilligung in der rechtswidrigen Absicht, eine Fehlgeburt oder den Tod der Frucht im Mutterleibe zu bewirken, hiezu geeignete Mittel anwendet, wird beſtraft:

1) mit Zuchthaus von fünf bis zu zwanzig Jahren, wenn der Tod der Mutter oder ein bleibender Nachtheil für ihren Körper oder für ihre Geſundheit eingetreten iſt;

2) mit Zuchthaus von zwei bis zu zehn Jahren, wenn die Schwangere mit einer todten oder wegen mangeln= der Reife nicht lebensfähigen Leibesfrucht niederge= kommen iſt;

3) mit Zuchthaus bis zu fünf Jahren, wenn das Kind am Leben geblieben iſt und für die Mutter keine oder nur unbedeutende Nachtheile eingetreten ſind.

Art. 137.

Wer ein Kind oder eine andere wegen Gebrechlichkeit Aussetzung. oder Krankheit hülfloſe Perſon aussetzt, ebenſo wer ein Kind oder eine ſolche Perſon, wenn ſie unter ſeiner Obhut ſtehen, in hülfloſer Lage vorſätzlich verläßt, wird wegen Aussetzung hülfloſer Perſonen beſtraft:

1) wenn der Thäter die Rettung der ausgesetzten Person nicht für wahrscheinlich halten konnte,

  a. mit Zuchthaus von drei bis zu zehn Jahren, wenn die ausgesetzte Person in Folge der Aussetzung gestorben ist;

  b. mit Zuchthaus bis zu acht Jahren, wenn die ausgesetzte Person gerettet worden ist;

2) wenn der Thäter die Rettung der ausgesetzten Person für wahrscheinlich halten konnte,

  a. mit Zuchthaus bis zu fünf Jahren, wenn die ausgesetzte Person in Folge der Aussetzung gestorben ist;

  b. mit Korrektionshaus bis zu zwei Jahren, wenn die ausgesetzte Person gerettet worden ist, womit Einstellung in der bürgerlichen Ehrenfähigkeit bis zu fünf Jahren verbunden werden kann.

Art. 138.

Ist die Aussetzung vorgenommen worden, in der Absicht zu tödten, so kommen je nach Umständen die Strafbestimmungen über Mord, Todtschlag oder Kindsmord zur Anwendung.

II. Abschnitt.
Von den Mißhandlungen.
Art. 139.

Mißhand-
lung.

Wer vorsätzlich, aber ohne Absicht zu tödten, einen Andern mißhandelt, wird, wenn die That den Tod des Mißhandelten zur Folge hat, mit Zuchthaus von zwei bis zu zehn Jahren bestraft.

Art. 140.

Ist der Mißhandelte für immer arbeitsunfähig oder unheilbar krank geworden, oder hat die Mißhandlung einen bleibenden Nachtheil zur Folge, so wird der Schuldige mit Zuchthaus bis zu acht Jahren bestraft.

Art. 141.

Hat die Mißhandlung eine Arbeitsunfähigkeit von mehr als zwanzig Tagen zur Folge, so wird der Schuldige mit Korrektionshaus bis zu fünf Jahren bestraft.

Art. 142.

Hat die Mißhandlung keine der in den vorhergehenden Artikeln benannten Folgen gehabt, so wird der Schuldige auf Klage des Verletzten hin mit Gefängniß bis zu sechszig Tagen oder mit Korrektionshaus bis zu zwei Jahren bestraft, mit welchen Strafen Verweisung bis zu zwei Jahren und Geldbuße bis zu zweihundert Franken verbunden werden kann.

Mißhandlungen, die keine Arbeitsunfähigkeit zur Folge hatten, werden auf Klage des Mißhandelten hin mit Gefängniß bis zu vierzig Tagen bestraft, womit Verweisung bis zu einem Jahr oder Geldbuße bis zu hundert Franken verbunden werden kann; sie können je nach Umständen bloß polizeilich bestraft werden (Art. 256, Ziff. 5).

Ist die Mißhandlung mit einem gefährlichen Instrument (Messer u. dgl.) verübt worden, so findet immer Verfolgung von Amtswegen statt.

Art. 143.

Sind die Verletzungen in einem Raufhandel zugefügt **Raufhandel** worden, so finden auf die erweislichen Urheber derselben je nach den eingetretenen Folgen die Bestimmungen der Artikel 139 bis und mit 142 Anwendung.

Ist es nicht möglich, die Urheber der Verletzungen zu ermitteln, so werden sämmtliche Theilnehmer am Raufhandel als Gehülfen bestraft. Wenn indessen unzweifelhafter Weise die Theilnahme des einen oder des andern der Angeklagten nur der Art war, daß die aus der Mißhandlung entstandenen Folgen nicht seiner Thätigkeit beigemeſſen werden können, ſo ſoll ein ſolcher Theilnehmer nur für das, was ihm erweislicher Maßen zur Laſt fällt, beſtraft werden.

Diejenigen, die nur in der Abſicht, dem Streit ein Ende zu machen (zu ſcheiden) oder einem widerrechtlich An= gegriffenen Hülfe zu leiſten, Thätlichkeiten begangen haben, können je nach Umſtänden ganz von Strafe befreit werden.

Art. 144.

Erſchwerungsgründe. Es iſt als ein Erſchwerungsgrund innert dem geſetzlichen Strafraum zu betrachten, wenn die in den vorhergehenden Artikeln dieſes Abſchnittes vorgeſehenen Mißhandlungen mit Vorbedacht oder mit Auflauern, namentlich wenn dieſes zur Nachtzeit oder auf offener Straße ſtatt hatte, oder wenn ſie mit gefährlichen Waffen oder Inſtrumenten oder an der Perſon der Eltern oder an andern Verwandten in aufſtei= gender Linie begangen worden ſind.

Art. 145.

Milderungsgründe. Iſt eine Mißhandlung nicht mit gefährlichen Inſtru= menten, als Schuß=, Stich=, ſchweren Schlagwaffen und dergleichen, und in einer Weiſe verübt worden, bei welchen ein bedeutend geringerer als der eingetretene Erfolg wahr= ſcheinlich war; oder iſt abgeſehen hievon der Thäter durch eine ihm, ſeinen nahen Angehörigen oder ſeinen an Ort und Stelle gegenwärtigen Genoſſen zugefügte Mißhandlung oder ſchwere Beleidigung augenblicklich zur That hingeriſſen worden, ſo kann im Fall des Art. 139 Korrektionshaus und in den Fällen der Artikel 140 und 141 Gefängniß ausgeſprochen werden.

Wegen allfälliger Verletzungen, welche denjenigen zuge= fügt worden ſind, die bei einem Raufhandel oder bei einem andern Mißhandlungsfall zuerſt Thätlichkeiten verübt haben, findet nur dann Beſtrafung ſtatt, wenn jene Verletzungen

eine der in den Artikeln 139 bis und mit 141 benannten
Folgen hatten.

Art. 146.

Die Bestimmungen der vorhergehenden Artikel über
Mißhandlung (Art. 139 u. f.) finden auch gegen diejenigen
Anwendung, welche Jemanden durch augenscheinlichen Miß=
brauch des Züchtigungsrechts an seinem Körper oder an
seiner Gesundheit beschädigen.

Besteht der Mißbrauch des Züchtigungsrechts darin, daß
der Untergebene auf eine seiner Gesundheit nachtheilige oder
sonst auf eine der Natur der Sache nach unerlaubte Weise
eingesperrt wird, so wird der Schuldige bestraft:

1) mit Gefängniß bis zu sechszig Tagen, wenn die Ein=
sperrung nicht länger als dreißig Tage gedauert hat;
2) mit Korrektionshaus bis zu vier Jahren, wenn sie
länger gedauert hat.

Mißbrauch des Züchtigungs= rechts.

Art. 147.

Wer aus Fahrlässigkeit (Art. 29) einem andern eine
der im Art. 140 erwähnten Verletzungen zufügt, wird je
nach dem Grad seiner Fahrlässigkeit und der Größe des
entstandenen Schadens auf Klage des Verletzten hin mit
Gefängniß bis zu sechszig Tagen oder mit Geldbuße bis
zu dreihundert Franken und in schweren Fällen mit Kor=
rektionshaus bis zu einem Jahr oder mit Geldbuße bis zu
fünfhundert Franken bestraft.

Fahrlässige Körperver= letzung.

Art. 148.

Wer einen gegenseitig verabredeten Zweikampf ohne
absichtliche Verletzung der üblichen oder vereinbarten Kampf=
regeln besteht, wird bestraft, wenn er seinen Gegner tödtet,
mit Korrektionshaus von einem bis zu sechs Jahren und
in allen andern Fällen mit Gefängniß bis zu sechszig Tagen
oder mit Korrektionshaus bis zu vier Jahren.

Zweikampf.

Hat die Verletzung keine der in den Artikeln 139, 140 und 141 benannten Folgen gehabt, so findet nur auf Klage des Verletzten hin Verfolgung und Bestrafung statt.

Hat ein Duellant die üblichen oder vereinbarten Kampf, regeln absichtlich verletzt oder einen Zweikampf ohne Gegenwart von Sekundanten bestanden, so kommen die bezüglichen Vorschriften der Artikel 123 bis 149 zur Anwendung.

Sekundanten, Zeugen und Aerzte, welche einem Zweikampfe beiwohnen, und die Kartellträger sind straflos. Hat jedoch ein Sekundant absichtlich die üblichen oder vereinbarten Kampfregeln übertreten, so wird er, je nach der Schwere der daraus entstandenen Folgen, mit Gefängniß bis zu sechzig Tagen oder mit Korrektionshaus bis zu vier Jahren bestraft.

Art. 149.

Die in diesem Abschnitt angedrohte Zuchthaus = und Korrektionshausstrafe kann in einfache Enthaltung umgewandelt werden.

III. Abschnitt.

Strafbare Handlungen gegen den Familienstand; Menschenraub; Entführung; widerrechtliches Gefangenhalten.

Art. 150.

Unterdrückung des Familienstandes.

Wer ein Kind raubt oder verbirgt, wer den Civilstand eigener oder fremder Kinder unterdrückt, und wer ein Kind unterschiebt oder ein ihm anvertrautes Kind den Personen, die das Recht haben es zurückzufordern, auf amtliche Aufforderung hin nicht zurückgibt, wird mit Zuchthaus bis zu acht Jahren und in geringen Fällen mit Korrektionshaus bis zu vier Jahren bestraft, womit Einstellung in der bürgerlichen Ehrenfähigkeit bis zu fünf Jahren verbunden werden kann.

Art. 151.

Wer durch List oder Gewalt eine Person entführt oder entführen läßt, um sie dem Schuße des Staates zu entziehen, in der Absicht, sie in fremden See- oder Kriegsdienst zu bringen, oder um sie zu irgend einer andern Dienstleistung oder Industrie zu gebrauchen, wird mit Zuchthaus bis zu zwanzig Jahren bestraft.

Menschenraub.

Art. 152.

Wer durch List oder Gewalt eine minderjährige Person ihren Eltern oder Pflegeeltern, unter deren Gewalt oder Leitung sie steht, entführt oder entführen läßt, wird mit Korrektionshaus bis zu vier Jahren bestraft, womit Einstellung in der bürgerlichen Ehrenfähigkeit bis zu fünf Jahren verbunden werden kann.

Entführung Minderjähriger.

Art. 153.

Wer eine Weibsperson, welche das sechszehnte Altersjahr zurückgelegt hat, gegen ihren Willen entführt oder einschließt, in der Absicht, dieselbe zur Unzucht zu mißbrauchen oder zur Ehe zu zwingen oder einem andern zu einem dieser Zwecke zu überliefern, wird auf Klage der verletzten Partei mit Zuchthaus bis zu fünf Jahren bestraft.

Entführung.

Wenn die betreffende Weibsperson das Alter von sechszehn Jahren noch nicht zurückgelegt hat, so kann die Strafe um die Hälfte erhöht werden.

Art. 154.

Wenn ein noch minderjähriges Mädchen oder eine Ehefrau zu ihrer Entführung eingewilligt hat und dem Entführer freiwillig gefolgt ist, so wird letzterer auf Klage derjenigen Person, unter deren Gewalt die Entführte steht, mit Korrektionshaus bis zu vier Jahren bestraft.

Art. 155.

Wenn der Entführer das zwanzigste Altersjahr noch nicht zurückgelegt hatte, so soll die in den beiden vorher-

gehenden Artikeln angedrohte Strafe auf die Hälfte herab=
gesetzt werden.

Art. 156.

In allen Fällen von Entführung kann der Entführer,
wenn er die entführte Frauensperson geheirathet hat, nur
auf die Klage derjenigen Person, welche nach den Civil=
gesetzen zur Anfechtung der Gültigkeit der Ehe berechtigt
ist, und zwar erst nachdem die Ehe nichtig erklärt worden
ist, gerichtlich verfolgt und bestraft werden.

Art. 157.

Bei den in den Artikeln 152, 153 und 154 erwähnten
Handlungen wird der Versuch, worunter auch die ohne
Erreichung des Endzweckes stattgehabte Entführung zu zählen
ist, bestraft (Art. 30 u. f.).

Die in den Artikeln 150, 152 und 154 angedrohte
Zuchthaus = oder Korrektionshausstrafe kann in einfache
Enthaltung umgewandelt werden.

Art. 158.

Widerrecht= liche Gefangen= haltung. Mit Zuchthaus bis zu fünf Jahren wird bestraft, wer
in rechtswidriger Absicht ohne Befehl der rechtmäßigen
Behörden und außer dem Fall, wo das Gesetz die Fest=
nahme von Angeschuldigten vorschreibt oder erlaubt, irgend
Jemanden verhaftet oder festhält.

Wenn die Enthaltung länger als dreißig Tage gedauert
hat, so tritt Zuchthaus von zwei bis zu zehn Jahren ein.

Wer einen Ort hergibt, um die Festhaltung auszuführen,
wird als Gehülfe bestraft (Art. 38).

Art. 159.

In jedem der folgenden Fälle findet eine Straferhöhung
innert dem gesetzlichen Strafraum statt:

1) wenn die Verhaftung in einer falschen Amtskleidung
oder unter einem falschen Namen oder auf Grund eines

falschen Befehls der öffentlichen Gewalt vollzogen worden ist;

2) wenn die verhaftete oder festgehaltene Person mit dem Tode bedroht worden ist;

3) wenn derselben körperliche Martern zugefügt worden sind.

Art. 160.

Wenn derjenige, der sich einer Widerhandlung gegen die Vorschriften des Art. 158 schuldig gemacht hat, die verhaftete oder festgehaltene Person freiläßt, ehe zehn Tage von der Verhaftung an verflossen sind, so wird der Schuldige, falls noch keine Verfolgungshandlung stattgefunden hat, nur auf Klage des Verletzten mit Gefängniß von zwanzig bis zu sechszig Tagen oder mit Korrektionshaus bis zu einem Jahr bestraft, welch letztere Strafe in einfache Enthaltung umgewandelt werden kann.

Titel VIII.

Von den strafbaren Handlungen gegen die Sittlichkeit.

Art. 161.

Wer sittenlose Schriften, Lieder oder Bilder ausstellt oder verbreitet, wird mit Gefängniß bis zu zwanzig Tagen oder mit einer Geldbuße bis zu hundert Franken bestraft.

Gleichzeitig soll die Konfiskation der Platten und sämmtlicher Exemplare der fraglichen Schriften oder Bilder verhängt werden.

Die Bestimmungen betreffend die Preßpolizei (Art. 239 und folg.) werden vorbehalten.

Verbreitung sittenloser Schriften u. s. w.

Art. 162.

Wer öffentlich die Schamhaftigkeit verletzt, und wer widernatürliche Unzucht begeht, wird mit Gefängniß bis

Oeffentliche Verletzung der Schamhaftigkeit.

ju sechszig Tagen oder mit Korrektionshaus bis zu einem
Jahr oder mit Geldbuße bis fünfhundert Franken bestraft.

Art. 163.

Konkubinat.

Konkubinat wird mit Gefängniß bis zu dreißig Tagen
bestraft, womit Geldbuße bis zu hundert Franken verbunden
werden kann.

Art. 164.

Gewerbs-
mäßige
Unzucht.

Weibspersonen, welche gewerbsmäßige Unzucht treiben,
werden mit Gefängniß bis zu sechszig Tagen oder mit
Korrektionshaus bis zu acht Monaten bestraft.

Art. 165.

Unsittlichkeit
mit jungen
Leuten.

Wer mit jungen Leuten des einen oder des andern
Geschlechts unter sechszehn Jahren unzüchtige Handlungen
begeht, die nicht unter eine strengere Bestimmung dieses
Titels fallen, oder die Unzucht derselben begünstigt, wird
mit Gefängniß bis zu sechszig Tagen oder mit Korrektionshaus bis zu zwei Jahren oder mit Geldbuße bis zu tausend
Franken bestraft.

Art. 166.

Personen, z. B. Eltern, Pflegeeltern, Vormünder, Lehrer
u. s. w., die mit Minderjährigen, über die sie eine pflicht-
mäßige Aufsicht zu führen haben, unzüchtige Handlungen
begehen, oder welche dieselben zur Begehung solcher Handlungen verleiten oder diese Begehung begünstigen;

Vorsteher oder Angestellte öffentlicher Anstalten (Straf-,
Wohlthätigkeitsanstalten u. dgl.), die sich gegen die unter
ihrer Aufsicht stehenden Personen des einen oder des andern
Geschlechts einer der fraglichen Handlungen schuldig machen,

werden, wenn die Handlung nicht eine schwerere Gesetzesverletzung bildet, mit Korrektionshaus bis zu vier Jahren
und in geringern Fällen mit Gefängniß bis zu sechszig
Tagen, und wenn sie die Handlung verüben gegen eine
Person, welche das zwölfte, aber nicht das sechszehnte

Altersjahr zurückgelegt hat, mit Korrektionshaus bis zu
sechs Jahren und in geringern Fällen mit Gefängniß von
dreißig bis zu sechszig Tagen bestraft.

Art. 167.

Der Beischlaf zwischen Verwandten in auf= und ab= *Blutschande.*
steigender Linie und zwischen Geschwistern wird mit Korrek=
tionshaus bis zu sechs Jahren bestraft, welche Strafe in ·
einfache Enthaltung umgewandelt werden kann.

Art. 168.

Wer gewerbsmäßig die Unzucht von Personen des einen *Gewerbs=*
oder des andern Geschlechts begünstigt, wird auf Antrag *mäßige Kup=*
der Polizeibehörde mit Gefängniß von vierzehn bis zu sechszig *pelei.*
Tagen oder mit Korrektionshaus bis zu acht Monaten,
womit Geldbuße bis zu fünfhundert Franken verbunden
werden kann, bestraft.

Wird die Handlung begangen mittelst trügerischer Vor=
geben, um unbescholtene Personen der Unzucht Preis zu
geben, so kann, selbst wenn der Zweck nicht erreicht wird,
die Strafe bis auf vierjähriges Korrektionshaus erhöht
werden.

Art. 169.

Mit den nach den Artikeln 162, 164, 165, 166, 167
und 168 ausgesprochenen korrektionellen Strafen kann eine
Einstellung in der bürgerlichen Ehrenfähigkeit bis zu fünf
Jahren verbunden werden.

Die gemäß den Artikeln 166 und 167 Verurtheilten
können überdieß für die Dauer von einem bis zu fünf
Jahren zur Uebernahme vormundschaftlicher Verrichtungen
oder einer Stelle in der Vormundschaftsbehörde unfähig
erklärt werden.

Ist die betreffende Handlung begangen worden durch
den Vater oder die Mutter, so soll der Schuldige der ihm

nach den Gesetzen des Kantons kraft der elterlichen Gewalt zustehenden Rechte hinsichtlich der Person und des Vermögens des betreffenden Kindes verlustig erklärt werden.

Art. 170.

Rothzucht. Wer sich der Rothzucht oder der gewaltthätigen widernatürlichen Unzucht schuldig macht, wird mit Zuchthaus · bis zu zehn Jahren bestraft.

Die gleiche Strafe trifft denjenigen, der mit einer Person, deren Sinne er zu diesem Zwecke betäubt hat, oder mit einem Kind unter zwölf Jahren den Beischlaf vollzieht.

Die Strafe kann bis auf zwanzig Jahre erhöht werden, wenn das Verbrechen den Tod der mißbrauchten Person zur Folge hat.

Der Schuldige soll, wenn er nach den Bestimmungen der Art. 30 und 31 wegen Versuchs zu einer korrektionellen Strafe verurtheilt wird, immer zu einer Einstellung in der bürgerlichen Ehrenfähigkeit bis zu fünf Jahren verfällt werden.

Art. 171.

Gewaltsamer Angriff gegen die Schamhaftigkeit. Wer sich eines andern mittelst Gewalt oder gefährlichen Drohungen ausgeführten Angriffs gegen die Schamhaftigkeit schuldig macht, wird mit Korrektionshaus bis zu sechs Jahren bestraft, womit Einstellung in der bürgerlichen Ehrenfähigkeit bis zu fünf Jahren verbunden werden kann.

Art. 172.

Schändung. Wer mit einer blödsinnigen oder ihrer Verstandeskräfte beraubten Person ohne Gewaltanwendung und ohne Sinnenbetäubung den Beischlaf vollzieht, wird mit Korrektionshaus bis zu vier Jahren bestraft. Der Versuch ist strafbar (Art. 30 u. f.).

Hat die Handlung mit einer Person stattgefunden, die zwar nicht blödsinnig ist, deren geistige Fähigkeiten aber auf einer sehr niedrigen Stufe stehen, so wird der Thäter mit Gefängniß von dreißig bis zu sechzig Tagen oder mit Korrektionshaus bis zu einem Jahr bestraft.

Art. 173.

Wenn die in den Artikeln 170 und 172 erwähnten Verbrechen begangen werden: von den Verwandten in auf= steigender Linie an ihren Abkömmlingen, von Personen, denen über die mißbrauchte Person eine Gewalt zusteht, oder von einem Lehrer oder besoldeten Diener derselben oder unter Beihülfe einer oder mehrerer Personen, so wird der Schuldige bestraft:

1) mit Zuchthaus von drei bis zu fünfzehn Jahren in den Fällen des Art. 170;
2) mit Zuchthaus von zwei bis zu zehn Jahren im Fall des Art. 172.

Art. 174.

Ein Ehegatte, der vor Auflösung seiner Ehe eine neue Ehe schließt, sowie dessen neuer Gatte, wenn derselbe von der noch bestehenden Ehe des andern Theils Kenntniß hatte, wird mit Zuchthaus von zwei bis zu fünf Jahren bestraft. **Mehrfache Ehe.**

Art. 175.

Eine verheirathete Person, die sich des Ehebruchs schuldig macht, wird mit Gefängniß bis zu vierzig Tagen bestraft. **Ehebruch.** Der Mitschuldige einer des Ehebruchs schuldigen Frau wird mit Gefängniß bis zu gleicher Dauer und außerdem mit Geldbuße von fünfzig bis zu zweihundert Franken bestraft.

Es kann nur auf die Klage des beleidigten Ehegatten hin eine gerichtliche Verfolgung stattfinden, die auch nach ihrer Anhebung auf Begehren des klagenden Theils hin wieder aufgehoben werden soll.

Art. 176.

Die in den Gesetzen über die Armenpolizei vorgesehenen Strafbestimmungen werden vorbehalten.

Titel IX.

Von den Ehrverletzungen, falscher Anklage, Verletzung fremder Geheimnisse und den Preßvergehen.

Art. 177.

Verläumdung. Der Verläumdung macht sich schuldig, wer an öffent=
lichen Orten oder in Gegenwart mehrerer Personen oder
in einer authentischen und öffentlichen Urkunde oder in ge=
druckten oder ungedruckten öffentlich angeschlagenen, verkauften
oder verbreiteten Schriften oder brieflich eine Behörde oder eine
Privatperson solcher Handlungen beschuldigt, die, wenn sie
wahr wären, denjenigen, gegen den sie vorgebracht werden,
einer strafrechtlichen Verfolgung oder dem Hasse und der
Verachtung der Mitbürger aussetzen würden.

Der Verläumder wird auf Klage des Verletzten mit
Gefängniß bis zu sechszig Tagen oder mit Korrektionshaus
bis zu vier Monaten oder mit bloßer Geldbuße bis zu
fünfhundert Franken bestraft. Die Korrektionshausstrafe
kann in einfache Enthaltung umgewandelt werden.

Art. 178.

**Einfache Ehr=
verletzung.** Injurien oder beleidigende Ausdrücke, durch welche Je=
mand zwar nicht einer bestimmten Handlung, wohl aber
eines bestimmten Fehlers oder einer ehrrührigen Handlungs=
weise beschuldigt wird, werden, wenn sie an öffentlichen
Orten oder in Gegenwart mehrerer Personen ausgestoßen
worden, oder in öffentlich verbreiteten, gedruckten oder unge=
druckten Schriften enthalten sind, auf Klage des Verletzten
mit Gefängniß bis zu fünfzehn Tagen oder mit Geldbuße
bis zu hundert Franken bestraft.

Art. 179.

Alle andern Ehrverletzungen oder beleidigenden Aus=
brücke, welche nicht dieses doppelte Merkmal der Schwere
und der Oeffentlichkeit an sich tragen, werden mit bloßen
Polizeistrafen belegt (Art. 256, Ziff. 4).

Art. 180.

Wegen Verläumdungen und Ehrverletzungen, die in ausländischen Blättern enthalten sind, können diejenigen verfolgt werden, welche die Artikel eingesandt, oder die den Auftrag zu ihrer Einrückung ertheilt haben.

Art. 181.

Wer wissentlich bei einem Beamten der gerichtlichen Polizei gegen eine oder mehrere Personen eine falsche Anzeige eingereicht, wird mit Gefängniß bis zu sechszig Tagen oder mit Korrektionshaus bis zu vier Jahren bestraft, womit eine Geldbuße bis zu fünfhundert Franken verbunden werden soll.

Falsche Anzeige.

Ist die angezeigte Handlung mit zeitlichem oder mit lebenslänglichem Zuchthaus oder mit der Todesstrafe bedroht, so wird der Schuldige je nach der Schwere des Falles und der Größe des dem Beschädigten zugefügten Nachtheils mit Zuchthaus bis zu zwanzig Jahren bestraft.

Art. 182.

In den in den Artikeln 177 und 181 angeführten Fällen kann der Verläumder in der bürgerlichen Ehrenfähigkeit bis zu fünf Jahren eingestellt werden.

Art. 183.

Die Bestimmungen der Artikel 177 und 178 finden auch dann Anwendung, wenn die Verläumdung oder Ehrverletzung mittelst Zeichnungen, Bildern, Stichen und ähnlichen Mitteln begangen worden ist.

Art. 184.

Die Verbreitung einer ehrrührigen Thatsache bleibt straflos, wenn der Beklagte deren Wahrheit auf gesetzliche Weise beweist. Sind die verbreiteten Thatsachen strafbare Handlungen, so darf deren Wahrheit nur durch gerichtliche Urtheile oder durch andere authentische oder einen öffentlichen Charakter an sich tragende Urkunden bewiesen werden.

Beweis der Wahrheit.

58

Art. 185.

Wird betreffs der vom Beklagten verbreiteten strafbaren Thatsachen vor der Hauptverhandlung eine Strafanzeige gemacht, so bleibt die wegen Ehrverletzung angehobene Untersuchung bis zur Erledigung des wegen der angezeigten strafbaren Thatsachen angehobenen Verfahrens eingestellt.

Art. 186.

Verletzung von Geheimnissen. Wer in der Absicht, einem andern zu schaden oder sich selbst oder einem andern einen unerlaubten Vortheil zu verschaffen, unbefugter Weise Briefe, Urkunden, Haus- oder Handelsbücher oder andere Papiere erbricht oder liest, wird auf Klage der verletzten Partei hin mit Gefängniß bis zu dreißig Tagen oder mit Geldbuße bis zu hundert Franken bestraft.

Ist die Handlung nur aus Neugierde begangen worden, so soll nur Geldbuße ausgesprochen werden.

Ist für Jemand ein Nachtheil erwachsen, so tritt Gefängniß bis zu sechzig Tagen oder Korrektionshaus bis zu einem Jahr ein.

Die ausgesprochene Korrektionshausstrafe kann in einfache Enthaltung umgewandelt werden.

Art. 187.

Aerzte, Wundärzte und andere Gesundheitsbeamte, als Apotheker, Hebammen, sowie überhaupt alle diejenigen, denen vermöge ihres Standes oder Berufes Geheimnisse anvertraut werden, sollen, wenn sie dieselben verrathen, auf Klage des Verletzten mit Gefängniß bis zu vierzig Tagen oder mit Geldbuße bis zu zweihundert Franken bestraft werden, es sei denn, daß sie vermöge Gesetzes oder ihrer Pflicht zur Anzeige verbunden wären.

Art. 188.

Preßvergehen. Die durch das Mittel der Druckerpresse begangenen strafbaren Handlungen werden nach den Bestimmungen dieses Strafgesetzbuches bestraft.

Die Bestimmungen über die Verantwortlichkeit in Preß-
sachen und über die Preßpolizei sind in dem von den Polizeiübertretungen handelnden Theil dieses Gesetzbuches enthalten (Art. 240 u. f.).

Titel X.

Von der Brandstiftung und andern Vermögensbeschädigungen.

Art. 189.

Wer vorsätzlich Brand legt an öffentlichen oder an
fremden zur Wohnung oder zum Aufenthalt von Menschen
dienenden Gebäuden, wird mit Zuchthaus von fünf bis zu
zwanzig Jahren bestraft.

Es ist als Straferhöhungsgrund innert dem gesetzlichen
Strafraum zu betrachten, wenn die That begangen wird:

zur Nachtzeit;

ober unter Umständen, welche die Hülfeleistung erschweren
oder die Gefahr für Leben oder Eigenthum ver-
mehren;

ober um die Begehung anderer Verbrechen oder Vergehen zu erleichtern.

Hat in Folge der Brandstiftung ein sich in dem ange-
zündeten Gebäude aufhaltender Mensch das Leben verloren,
so wird der Schuldige, wenn er diesen Erfolg voraussehen
konnte, mit dem Tod bestraft.

Art. 190.

Wer vorsätzlich an fremde nicht zur Wohnung oder zum
Aufenthalt von Menschen dienende Gebäude, Schiffe, Magazine, Werkhöfe oder an Wälder, stehende oder abge-
mähte Ernbten und dergleichen Gegenstände Brand legt,
wird mit Zuchthaus bis zu fünfzehn Jahren bestraft.

Brandstif-
tung.

Art. 191.

Wer in der Absicht, einen der in den Artikeln 189 und 190 benannten Gegenstände in Brand zu legen, Sachen anzündet, welche geeignet sind, denselben das Feuer mitzutheilen, wird, wenn einer jener in den bezeichneten Artikeln erwähnten Gegenstände in Brand geräth, wegen vollendeter, und wenn dieß nicht der Fall ist, wegen versuchter Brandstiftung bestraft.

Art. 192.

Brandstiftung an eigener Sache.

Wer in betrügerischer Absicht, zum Zwecke daraus Vortheil zu ziehen oder in irgend einer Weise die Rechte Anderer zu verletzen, seine eigene Sache in Brand legt, wird, insofern seine Handlung nicht unter die Bestimmungen der Artikel 189, 190 und 191 fällt, mit Zuchthaus bis zu zehn Jahren bestraft.

Art. 193.

Jeder durch vorsätzliche Brandstiftung entstandene, durch das Feuer selbst herbeigeführte Erfolg, den der Thäter voraussehen konnte, wird diesem zum Vorsatz angerechnet.

Art. 194.

Die Brandstiftung ist vollendet, so bald das Feuer an dem in Brand zu setzenden Gegenstand (Artikel 189, 190 und 192) in Flammen ausgebrochen ist.

Art. 195.

Straflosigkeit aus Grund werkthätiger Reue.

Hat der Thäter nach gelegtem Brand aus Reue den Ausbruch des Feuers verhindert oder das ausgebrochene Feuer gelöscht, bevor ein erheblicher Nachtheil entstanden ist, so kann Strafmilderung (Art. 31) und in besonders günstigen Fällen Straflosigkeit eintreten.

Art. 196.

Fahrlässige Verursachung eines Brandes.

Wer aus Fahrlässigkeit einen Brand verursacht, wird je nach dem Grade seiner Fahrlässigkeit und der Größe des entstandenen Schadens mit Gefängniß bis zu sechszig Tagen oder mit Korrektionshaus bis zu zwei Jahren oder mit Geldbuße von höchstens tausend Franken bestraft.

Art. 197.

Die Strafen der Brandstiftung kommen nach den dafür aufgestellten Unterscheidungen (Art. 187 bis 196) auch gegen denjenigen zur Anwendung, welcher durch Gebrauch von Pulver oder ähnlich wirkender Stoffe Gebäude, Schiffe, Magazine oder Bergwerke in rechtswidriger Absicht ganz oder theilweise zerstört oder eine solche Zerstörung an andern Räumlichkeiten verübt.

Art. 198.

Wer durch vorsätzliche Verursachung einer Ueberschwemmung das Leben oder das Eigenthum der Bürger in Gefahr setzt, wird mit Zuchthaus bis zu zehn Jahren, und wenn in Folge dessen Jemand das Leben verloren hat, mit Zuchthaus von zehn bis zu zwanzig Jahren bestraft. Hat der Schuldige diesen Erfolg voraussehen können, so kann die Todesstrafe ausgesprochen werden.

Ist kein Menschenleben in Gefahr gesetzt worden und der verursachte Schaden nur gering, so kann bis auf zwei Monate Korrektionshaus herabgegangen werden. Mit dem Korrektionshaus kann eine Einstellung in der bürgerlichen Ehrenfähigkeit bis zu fünf Jahren verbunden werden.

Verursachung einer Ueberschwemmung.

Art. 199.

Ist eine Ueberschwemmung durch Fahrlässigkeit (Art. 29) verursacht worden, so finden die Bestimmungen des Art. 196 Anwendung.

Art. 200.

Wer, um Thiere Anderer zu tödten oder zu beschädigen, Weiden, Wiesen, Teiche, Brunnen, Wasserbehälter, Futter u. dgl. vergiftet, wird bestraft:

Vergiftung von Weiden u. s. w.

1) mit Zuchthaus bis zu acht Jahren, wenn der verur=
sachte Schaden den Betrag von dreihundert Franken
übersteigt;

2) mit Korrektionshaus bis zu vier Jahren, womit Ein=
stellung in der bürgerlichen Ehrenfähigkeit bis zu fünf
Jahren verbunden werden kann, wenn der verursachte
Schaden den Betrag von dreißig aber nicht den von
dreihundert Franken übersteigt;

3) mit Gefängniß bis zu sechszig Tagen, wenn der ver=
ursachte Schaden den Betrag von dreißig Franken nicht
übersteigt.

Jeder Versuch wird bestraft (Art. 30 u. f.).

Wer vorsätzlich eine Viehseuche verbreitet wird mit Zucht=
haus bis zu acht Jahren bestraft.

Art. 201.

Eigenthums=
beschädigung.
Wer vorsätzlich Register, Urschriften und Originalur=
kunden einer öffentlichen Behörde, Titel, Schuldscheine,
Wechsel, Handels= oder Bankeffekten, welche eine Verbind=
lichkeit, Verfügung oder Befreiung enthalten oder bewirken,
auf irgend eine Art vernichtet;

wer vorsätzlich Gebäude, Monumente, Bildsäulen,
Brunnen, Begräbnißstätten oder andere öffentliche Gegen=
stände beschädigt oder verstümmelt;

wer vorsätzlich und ohne begründete Veranlassung An=
dern angehörende Thiere tödtet oder Andern angehörende
Lebensmittel, Waaren oder anderes bewegliches Eigenthum
zerstört oder beschädigt, einen oder mehrere fremde Bäume
umhaut oder beschädigt, fremdes Getreide oder Futter
schneidet oder irgend eine fremde unbewegliche Sache be=
schädigt,

wird bestraft:

wenn der verursachte Schaden den Betrag von drei=
hundert Franken übersteigt, mit Zuchthaus bis zu
sechs oder mit Korrektionshaus bis zu vier Jahren;

wenn der verursachte Schaden den Betrag von dreißig
aber nicht den von dreihundert Franken übersteigt,
mit Korrektionshaus bis zu vier Jahren oder mit
Gefängniß von vierzehn bis zu sechszig Tagen;

wenn der verursachte Schaden den Betrag von dreißig
Franken nicht übersteigt, mit Gefängniß bis zu
vierzig Tagen oder mit Buße bis zu einhundert
Franken.

In sehr geringfügigen Fällen finden die Bestimmungen
des Art. 256, Ziff. 10, Anwendung.

Läßt die Natur des beschädigten Gegenstandes keine
bestimmte Schatzung zu, so tritt Gefängniß bis zu sechszig
Tagen oder Korrektionshaus bis zu vier Jahren ein.

Ist die Beschädigung zum Nachtheil von Privaten begangen worden, so findet eine Strafverfolgung nur auf
Antrag der verletzten Partei statt.

Art. 202.

Wenn eine der im Art. 201 benannten Beschädigungen
fremden Eigenthums zur Nachtzeit oder an Gegenständen,
welche der öffentlichen Sicherheit anvertraut sind oder von
mehreren Personen oder unter Umständen, welche geeignet
waren, das Leben oder die Gesundheit von Menschen in
Gefahr zu setzen, oder aus Rache gegen einen Staats- oder
Gemeindebeamten begangen worden ist, oder wenn der
Thäter ein Feldwächter, Förster oder überhaupt ein Polizei-
bedensteter, oder wenn er Diener, Taglöhner oder sonstiger
Angestellter des Beschädigten ist, so findet eine Straferhöhung innert dem gesetzlichen Strafraum statt.

Art. 203.

Entsteht durch eine vorsätzliche Beschädigung von Sachen
voraussichtlicher Weise Gefahr für Leben oder Gesundheit
von Menschen, oder hat Jemand in Folge dessen einen
merklichen Nachtheil an Körper oder Gesundheit erlitten, so

trifft den Schuldigen abgesehen vom Betrag des enstan=
denen Schadens Gefängniß von acht bis zu sechszig Tagen
oder Korrektionshaus bis zu fünf Jahren. Hat in Folge
dessen ein Mensch das Leben verloren oder an Körper oder
an Gesundheit einen unter den Art. 140 fallenden Nach=
theil erlitten, so kommen, wenn ein solcher Erfolg vom
Schuldigen vorausgesehen werden konnte, im ersten Fall
die Bestimmungen des Art. 139 und im letztern Fall die=
jenigen des Art. 140 zur Anwendung.

Art. 204.

Die in den Artikeln 201 und 203 angedrohte Zucht=
haus = oder Korrektionshausstrafe kann in einfache Enthal=
tung umgewandelt werden.

Titel XI.

Raub, Erpressung, Diebstahl und Unterschlagung.

I. Abschnitt.

Vom Raub und der Erpressung.

Art. 205.

Raub.
Des Raubes ist schuldig, wer in der Absicht sich wider=
rechtlicher Weise eine fremde bewegliche Sache anzueignen,
gegen deren Eigenthümer oder gegen andere am Ort der
That anwesende Personen oder gegen solche, die ihn auf
frischer That ertappt haben (Ar. 49 St. B.), Gewalt
verübt oder dieselben mit gegenwärtiger Gefahr für Leben
oder Gesundheit bedroht.

Art. 206.

Der des Raubes Schuldige wird mit dem Tode bestraft,
wenn Jemand in Folge der bei Verübung der That erlit=
tenen Mißhandlung umgekommen ist und der Thäter diesen
Erfolg voraussehen konnte.

Art. 207.

Ist bei Verübung des Raubes Jemand an seinem Körper verletzt oder auch ohne äußere Verletzung an seiner Gesundheit beschädigt worden, so wird der Schuldige mit Zuchthaus von vier bis zu zwanzig Jahren bestraft.

In allen übrigen Fällen, namentlich wenn in Folge der Gewaltanwendung Niemand verletzt worden ist, oder wenn nur Drohungen ausgestoßen worden sind, wird der Schuldige mit Zuchthaus bis zu zehn Jahren bestraft.

Als Erschwerungsgrund innert dem gesetzlichen Strafraum ist zu betrachten:

1) wenn der Raub zur Nachtzeit oder
2) durch zwei oder mehr Personen begangen worden ist;
3) wenn die Schuldigen oder einer derselben Waffen bei sich getragen.

In ganz geringfügigen Fällen kann Korrektionshaus von sechs Monaten bis zu zwei Jahren ausgesprochen und damit Einstellung in der bürgerlichen Ehrenfähigkeit bis zu fünf Jahren verbunden werden.

Art. 208.

Wer widerrechtlicher Weise mittelst Gewaltthätigkeit, Zwang oder Drohungen die Unterzeichnung oder Uebergabe einer Schrift, einer Urkunde oder eines Titels abbringt, welcher eine Verbindlichkeit, Verfügung oder Befreiung enthält oder bewirkt, oder wer mittelst Anwendung von Gewalt oder Drohungen, um sich oder einem Andern irgend einen andern widerrechtlichen Vortheil zu verschaffen, Jemanden zu einer Handlung, Duldung oder Unterlassung nöthigt, wird unter Beobachtung der dort aufgestellten Unterscheidungen nach den Bestimmungen über Raub bestraft (Art. 205 u. folg.), wenn die Erpressung unter den dort benannten Umständen begangen wird.

Erpressung

Hat der Schuldige die Erpressung nur mittelst Anwen=
dung von Drohungen von der im Art. 98 erwähnten Art
begangen, so finden die Bestimmungen des genannten Ar=
tikels Anwendung.

II. Abschnitt.
Vom Diebstahl.

Art. 209.

Diebstahl.

Wer eine fremde bewegliche Sache in der Absicht, sich
dieselbe zuzueignen, ohne Einwilligung des Eigenthümers,
Besitzers oder Inhabers rechtswidrig wegnimmt, ist des
Diebstahls schuldig.

Art. 210.

Ausgezeich-
neter
Diebstahl.

Mit Zuchthaus bis zu zehn Jahren wird bestraft, wer
einen Diebstahl unter einem der hienach benannten Umstände
begangen hat:

1) wenn der eines Diebstahs in einem Betrag von mehr
   als dreißig Franken Schuldige schon dreimal wegen
   Raubes oder Diebstahls, worunter wenigstens einmal
   peinlich, bestraft worden ist;

2) wenn der Diebstahl zur Zeit der Nachtruhe in einem
   bewohnten Gebäude, in welches der Dieb zur Ver=
   übung der That eingestiegen oder eingeschlichen ist,
   begangen worden ist;

3) wenn er in einer Räumlichkeit verübt wurde, die zur
   Abhaltung eines im Kanton gesetzlich anerkannten Got=
   tesdienstes bestimmt ist;

4) wenn der Schuldige oder einer der Schuldigen Waffen
   bei sich führte,. mit denen er sich zur Begehung des
   Diebstahls versehen hat, selbst wenn letzterer bei Tag
   von einer einzigen Person an einem unbewohnten oder
   nicht zur Wohnung dienenden Ort begangen wurde;

5) wenn der Diebstahl begangen worden ist mittelst gewaltsamer Erbrechung von Gebäuden oder anderer Räumlichkeiten oder Behältnissen oder mittelst Oeffnung dieser Gegenstände mit Dietrichen, nachgemachten Schlüsseln oder überhaupt mit etwas Anderem als dem rechten Schlüssel.

Wenn der Werth der gestohlenen Gegenstände den Betrag von hundert Franken nicht übersteigt, so kann, wenn sich der Fall günstig gestaltet, Korrektionshaus bis zu zwei Jahren ausgesprochen werden.

Art. 211.

Diebstähle, bei denen keine der im Art. 210 erwähnten Umstände obwalten, werden bestraft:

Einfacher Diebstahl.

1) mit Zuchthaus bis zu acht Jahren, wenn der Werth der gestohlenen Gegenstände den Betrag von dreihundert Franken übersteigt;

2) mit Korrektionshaus bis zu vier Jahren:

   a. wenn der Werth der gestohlenen Gegenstände den Betrag von dreißig aber nicht den von dreihundert Franken übersteigt;

   b. abgesehen von diesem Werth, wenn der Schuldige schon zweimal wegen Raubes oder Diebstahls bestraft worden ist;

3) mit Gefängniß bis zu vierzig Tagen, wenn der Werth der gestohlenen Gegenstände den Betrag von dreißig Franken nicht übersteigt.

Art. 212.

Der Diebstahl an Urkunden, welche zum Beweise von Forderungen oder anderer Rechte dienen, oder die sonst von irgend einer Bedeutung sind, wie Prozeßakten und dergleichen, wird, wenn eine bestimmte Schätzung nicht möglich ist, nach der Wichtigkeit der entwendeten Schriften mit Gefängniß bis zu sechszig Tagen oder mit Korrektionshaus bis zu vier Jahren bestraft.

Diebstahl an Urkunden.

Ist der Diebstahl unter einem der im Art. 210 benann=
ten Umstände begangen worden, so wird der Thäter mit
Zuchthaus bis zu zehn Jahren und in Fällen gering=
fügiger Natur mit Korrektionsbaus bis zu zwei Jahren
bestraft.

Art. 213.

Forst- und
Feldfrevel. Die Entwendung von noch nicht eingesammelten Feld=
oder Gartenfrüchten wird nach den Bestimmungen des
Art. 211 bestraft, wenn deren Werth den Betrag von
fünf Franken erreicht; ist er darunter, so findet die Be=
stimmung des Art. 256, Ziff. 1, Anwendung.

Auf die Entwendung von stehendem Holz finden die
Bestimmungen der in Kraft bestehenden Forstordnungen
Anwendung, wenn der Werth des Entwendeten den Betrag
von dreißig Franken nicht übersteigt. Wird dieser Betrag
überschritten, so wird die Entwendung von stehendem Holz
nach den Vorschriften dieses Gesetzbuches als Diebstahl
bestraft.

Ist der des Holz= oder Feldfrevels Schuldige schon
zweimal wegen einer dieser Handlungen bestraft worden,
so wird er, wenn gleich nicht beide Bestrafungen die näm=
liche Art von Frevel zum Gegenstand hatten, als Dieb
bestraft (Art. 211).

Art. 214.

Diebstähle
zwischen Ver=
wandten und
an Eßwaaren
u. s. w.
aus Noth oder
Lüsternheit. Diebstähle, welche zwischen Ehegatten, zwischen Ver=
wandten und Verschwägerten in auf= und absteigender Linie,
zwischen Verschwägerten im zweiten Grad der Seitenlinie
oder zwischen andern Verwandten, sofern dieselben in der
nämlichen Haushaltung leben, begangen werden, desgleichen
Diebstähle von Minderjährigen zum Nachtheil ihrer Vor=
münder, Pflegeltern, Erzieher und Vorgesetzten oder anderer
Personen, mit denen sie in der nämlichen Haushaltung
leben, und

Diebstähle, die an Eß= oder Trinkwaaren aus Noth
oder zur Befriedigung einer augenblicklichen Lüsternheit be=
gangen werden:

sollen nur auf Klage des Beschädigten oder desjenigen,
dem der Thäter untergeben ist, verfolgt und bestraft werden.

Art. 215.

Wenn der Dieb zu einer Zeit, wo er sich den Umstän= den nach noch nicht für entdeckt halten konnte, und ohne daß er zur Rede gestellt wurde, den verursachten Schaden ganz gut gemacht hat, so kann beim ausgezeichneten wie beim einfachen Diebstahl, selbst wenn schon eine Anzeige bei Behörde eingereicht worden wäre, die gesetzliche Strafe bis auf einen Drittel des niedrigsten Maßes herabgesetzt (Art. 31), und es darf die Hälfte des höchsten Strafmaßes nicht überschritten werden.

Strafmilde=
rung wegen
freiwilligem
Ersatz.

Art. 216.

In allen Fällen, wo nach Mitgabe der vorhergehenden Bestimmungen wegen Diebstahls eine korrektionelle Strafe ausgesprochen wird, kann der Schuldige abgesehen von der Hauptstrafe in der bürgerlichen Ehrenfähigkeit bis zu fünf Jahren eingestellt werden.

Der Diebstahlsversuch wird bestraft (Art. 30 u. f.).

Art. 217.

Die Hehlerei wird nach den Bestimmungen des Art. 41 über Begünstigung bestraft.

Hehlerei.

Art. 218.

Der Werth der gestohlenen Gegenstände wird nach dem Marktpreise geschätzt, den dieselben im Augenblick der Be= gehung des Diebstahls hatten.

Schatzung des
Gestohlenen
u. s. w.

Ist bei Ausführung des Diebstahls noch ein weiterer Nachtheil als der durch Entziehung der Sache zugefügte verursacht worden, so kommt dieser bei der Schatzung der entwendeten Gegenstände nicht in Berechnung, sondern es finden die Vorschriften über das Zusammentreffen mehrerer strafbarer Handlungen Anwendung (Art. 58 u. 59).

Der Werth des Gestohlenen ist in Ermanglung zureichender Angaben durch Sachverständige zu ermitteln.

Kommen mehrere noch nicht bestrafte Diebstähle gleichzeitig zur Beurtheilung, so wird der Werth sämmtlicher entwendeten Gegenstände zusammengerechnet.

Die Bestimmungen dieses Artikels sind anwendbar auf alle Schatzungen, die gemäß den Vorschriften dieses Strafgesetzbuches vorzunehmen sind.

III. Abschnitt.
Von der Unterschlagung.
Art. 219.

Unterschlagung.

Wer eine fremde bewegliche Sache, deren Besitz oder Gewahrsam er mit der Verpflichtung erlangt hat, sie zu verwahren, zu verwalten, zurückzugeben oder abzuliefern, sich in diebischer Absicht zueignet, wird bestraft:

1) wenn der Werth des Unterschlagenen den Betrag von dreißig Franken übersteigt, mit Korrektionshaus bis zu vier Jahren;

2) wenn der Werth des Unterschlagenen den Betrag von dreißig Franken nicht übersteigt, mit Gefängniß bis zu vierzig Tagen.

Die Unterschlagung ist vollendet, sobald der Inhaber die Sache eigenmächtig veräußert, verbraucht, verpfändet, bei Seite schafft oder sie dem zur Zurückforderung Berechtigten wissentlich ableugnet.

Der Versuch wird bestraft (Art. 30 u. f.).

Art. 220.

Wird eine Unterschlagung begangen von einem Untergebenen zum Nachtheil seines Dienstherrn oder Vorgesetzten

ober von Personen an Geldern oder an andern Gegen=
ständen, die ihnen kraft eines patentirten Berufs anvertraut
worden sind, oder die sie in Folge amtlichen Auftrages zu
verwalten haben, oder an den Geldbezügen, die sie in Folge
ihrer Eigenschaft zu machen haben, so wird der Schuldige,
wenn der Werth des Unterschlagenen mehr als dreihundert
Franken beträgt, mit Zuchthaus bis zu sechs Jahren be=
straft.

Haben die unterschlagenen Gegenstände einen geringern
Werth, so finden die Bestimmungen des vorhergehenden
Artikels Anwendung.

Advokaten, Notare und Rechtsagenten sollen je nach
Beschaffenheit des Falles unfähig erklärt werden, ihre Ver=
richtungen fernerhin auszuüben, oder für die Dauer von
einem bis zu fünf Jahren in denselben eingestellt werden.

Art. 221.

Wegen Unterschlagung kann je nach Umständen Straf= Wirkungen
losigkeit eintreten, wenn der Angeschuldigte den Werth der des Ersatzes.
unterschlagenen Sache auf geschehene Aufforderung hin so=
fort vollständig ersetzt.

Art. 222.

Wer eine verlorne Sache gefunden hat, dieselbe ver= Veruntreuung
äußert, verbraucht oder verpfändet, oder in der Absicht, gefundener
sich dieselbe rechtswidriger Weise zuzueignen, binnen dreißig Gegenstände.
Tagen den Fund weder bei Behörde anzeigt, noch öffent=
lich bekannt macht oder sie dem Eigenthümer, wenn ihm
derselbe bekannt ist, binnen der nämlichen Frist nicht zurück=
stellt, wird bestraft:

1) mit Gefängniß bis zu vierzig Tagen oder mit Geld=
    buße bis zu zweihundert Franken, wenn der Werth
    des gefundenen Gegenstandes den Betrag von dreißig
    Franken nicht übersteigt;

2) mit Korrektionshaus bis zu zwei Jahren, wenn der Werth des gefundenen Gegenstandes diesen Betrag übersteigt.

Wenn die strafbare Unterlassung offenbar nur aus Nachlässigkeit hervorgegangen ist, so findet die Bestimmung des Art. 256, Ziff. 2, Anwendung.

Art. 223.

Die Bestimmungen der Artikel 212, 214, 215, 216, 217 und 218, den Diebstahl betreffend, finden auch auf die Unterschlagung Anwendung.

Titel XII.
Vom betrügerischen und leichtsinnigen Geltstag, Pfandverheimlichung und Betrug.

I. Abschnitt.
Vom betrügerischen und leichtsinnigen Geltstag und der Pfandverheimlichung.

Art. 224.

Betrügerischer Geltstag.

Des betrügerischen Geltstages ist schuldig, wer vor oder nach der gegen ihn erfolgten Geltstagserkennung in der Absicht, seine Gläubiger zu benachtheiligen, betrügerische Handlungen vornimmt, namentlich:

wer sein den Gläubigern verfangenes Vermögen oder einzelne Theile desselben bei Seite schafft oder sonst der Vermögensmasse entzieht;

wer zum Nachtheil seiner Gläubiger unrichtige Schuldbekenntnisse oder Quittungen ausstellt;

wer zur Zeit, wo ihm seine Zahlungsunfähigkeit bekannt war, einzelne Gläubiger oder andere Personen durch Abtretung von Vermögensstücken unter ihrem wahren Werthe, Antedatirung von Schuldtiteln, durch Verschaffung neuer dem Rang nach besser berechtigter

Forderungstitel, Errichtung von Pfandrechten widerrechtlich begünstigt oder planmäßig Gläubiger von
einem mindern Rang vor solchen, die im Geltstage
einen bevorzugtern Rang haben würden, befriedigt;
wer unter falschen Vorspiegelungen über den Stand seines
Vermögens neue Schuldverbindlichkeiten eingegangen
ist, zu deren Erfüllung er keine gegründete Hoffnung haben konnte u. dgl.

Art. 225.

Wer gemäß den vorhergehenden Bestimmungen oder nach
den in Kraft bestehenden Handels- oder Spezialgesetzen des
betrügerischen Geltstages schuldig erklärt wird, soll bestraft
werden:

1) mit Zuchthaus bis zu acht Jahren, wenn der durch
   den Betrug entstandene Nachtheil den Betrag von
   dreihundert Franken übersteigt;

2) mit Korrektionshaus bis zu vier Jahren, wenn dieß
   nicht der Fall ist.

Mit den korrektionellen Strafen kann eine Einstellung
in der bürgerlichen Ehrenfähigkeit bis zu fünf Jahren verbunden werden.

Betreffs der Hülfeleistung bei einem betrügerischen Geltstag finden die Bestimmungen des Art. 38 über Hülfeleistung
Anwendung.

Der Versuch wird auch in den Fällen, die nur korrektionelle Bestrafung zur Folge haben, bestraft (Art. 30
und folg.).

Art. 226.

Des leichtsinnigen Geltstages ist derjenige Geltstager **Leichtsinniger**
schuldig, der durch eine Reihe gewagter, mit seinem Ver- **Geltstag**
mögen in keinem Verhältnisse stehender Unternehmungen,
oder durch fortgesetzten übertriebenen Aufwand, durch grobe

Vernachläſſigung ſeines Erwerbzweiges, durch fortgeſetztes
Spiel, Schwelgerei und Ausſchweifung oder durch Prozeß=
ſucht ſeinen Vermögensverfall herbeigeführt hat.

Art. 227.

Wer ſich des leichtſinnigen Geltstages ſchuldig macht,
wird mit Gefängniß bis zu ſechzig Tagen und in bedeu=
tendern Fällen mit Korrektionshaus bis zu ſechs Monaten
beſtraft.

Art. 228.

Die Rechtsgeſchäfte, die im Widerspruch mit den Vor=
ſchriften des Art. 224 vorgenommen werden, ſollen, wenn
unter den obwaltenden Umſtänden alle Betheiligten deren
Unredlichkeit bei einiger Aufmerkſamkeit einſehen konnten,
nichtig erklärt werden.

Die Beſtimmungen der in Kraft beſtehenden Handels=
geſetze bleiben vorbehalten.

Art. 229.

Beiſeits=
ſchaffung von
Pfändern.

Der Schuldner, welcher in der Abſicht ſeine Gläubiger
zu benachtheiligen, gepfändete Gegenſtände vorſätzlicher und
widerrechtlicher Weiſe zerſtört oder bei Seite ſchafft oder
ſolche auf irgend eine Art einer Liquidation oder der öffent=
lichen Steigerung entzieht, und

der beſtellte Hüter, welcher dabei Hülfe leiſtet und die
fraglichen Gegenſtände auf die amtliche Aufforderung hin
nicht ſofort zur Stelle ſchafft, werden beſtraft:

1) mit Zuchthaus bis zu ſechs Jahren, wenn der dem
   Gläubiger verurſachte Schaden den Betrag von drei=
   hundert Franken überſteigt;

2) mit Korrektionshaus bis zu vier Jahren, wenn er den
   Betrag von dreißig, aber nicht den von dreihundert
   Franken überſteigt;

3) mit Gefängniß bis zu vierzig Tagen, wenn er den
   Betrag von dreißig Franken nicht überſteigt.

Mit den korrektionellen Strafen kann Einstellung in der bürgerlichen Ehrenfähigkeit bis zu fünf Jahren verbunden werden.

Der Versuch wird bestraft (Art. 30 u. f.).

Art. 230.

Wenn der Angeschuldigte vor oder bei dem allfällig stattgehabten Manifestationsverfahren alle bei Seite geschafften Gegenstände herausgibt oder unrichtige Angaben über seine Vermögensverhältnisse berichtigt, so findet in allen in diesem Titel vorgesehenen Fällen keine Strafverfolgung statt, insoferne aus der Unredlichkeit des Angeschuldigten nicht schon Nachtheil entstanden ist (§§ 460, 487 und 596 B. B.).

Die Bestimmungen der in Kraft bestehenden Handelsgesetze bleiben vorbehalten.

II. Abschnitt.

Von Prellereien und vom Betrug.

Art. 231.

Wer in der Absicht, einem Andern zu schaden oder sich oder einem Andern einen rechtswidrigen Vortheil zu verschaffen, mittelst Gebrauchs falscher Namen oder falscher Eigenschaften oder mittelst Anwendung arglistiger Kunstgriffe, um Jemanden von der Existenz einer nicht bestehenden Unternehmung, sowie einer Vollmacht oder eines Kredites, die ihm nicht zustehen, zu überreden, oder um die Hoffnung oder die Besorgniß eines trügerischen Erfolges oder irgend eines andern solchen Ereignisses zu erregen, oder überhaupt mittelst Vorspiegelung falscher oder Verschweigung oder Unterdrückung wahrer Thatsachen, sich Gelder, Mobilien oder Schuldverschreibungen, Verfügungen, Scheine, Schuldbekenntnisse, Quittungen oder Befreiungs-

Betrug.

urfunben übergeben ober verabfolgen läßt unb burch eines
bieſer Mittel Jemanben prellt, macht fich bes Betruges
ſchulbig unb wirb beſtraft:

1) mit Zuchthaus bis zu ſechs Jahren, wenn ber ver=
urſachte Schaben ben Betrag von breihunbert Franken
überſteigt;

2) mit Korrektionshaus bis zu vier Jahren, wenn er ben
Betrag von breißig, aber nicht ben von breihunbert
Franken überſteigt;

3) mit Gefängniß bis zu vierzig Tagen, wenn er ben
Betrag von breißig Franken nicht überſteigt.

Art. 232.

Betrug bei Golbwaaren u. ſ. w. Wer einen Käufer in ber wiberrechtlichen Abſicht, ihn
zu benachtheiligen, betreffenb ben Gehalt von Golb= ober
Silberwaaren ober über bie Eigenſchaft eines falſcheu, für
ächt verkauften Steines ober über bie Natur irgenb einer
anbern Waare hintergeht;

wer mittelſt bes Gebrauchs falſchen Gewichts ober
Maaßes hinſichtlich ber Quantität ber verkauften Sachen
betrügt,

wirb mit Gefängniß bis zu ſechszig Tagen ober mit
Korrektionshaus bis zu einem Jahr ober mit einer Gelb=
buße bis zu fünfhunbert Franken beſtraft. Die betreffenben
Gegenſtände werben, inſofern ſie noch bem Verkäufer an=
gehören, konfiszirt.

Art. 233.

Fälſchung von Lebensmitteln Wer in rechtswibriger Abſicht Getränke, Nahrungsmittel
ober anbere Waaren verfälſcht, wirb mit Gefängniß bis
zu vierzig Tagen ober mit Gelbbuße bis zweihunbert Fran=
ken, unb wenn er bie Fälſchung wiſſentlich auf eine für
bie Geſunbheit von Menſchen ſchäbliche Weiſe verübt hat,

mit Gefängniß bis zu sechszig Tagen oder mit Korrektions=
haus bis zu einem Jahr oder mit Geldbuße bis zu fünf=
hundert Franken bestraft.

Die verfälschten Getränke, Nahrungsmittel oder Waaren
werden konfiszirt und je nach Umständen zerstört.

Art. 234.

Wer in der Absicht, die zwischen verschiedenen Grund=
stücken bestehenden Grenzen auf rechtswidrige Weise zu ver=
ändern oder unkenntlich zu machen, ganz oder zum Theil
Gräben verschüttet, Verschließungen, von welchen Materia=
lien sie auch gemacht sein mögen, zerstört, lebendige oder
dürre Hecken abhaut oder ausreißt, Grenzsteine oder Mark=
bäume oder andere Bäume, die gepflanzt oder anerkannt
sind, um zwischen verschiedenen Grundstücken die Grenzen
zu bestimmen, verrückt oder wegschaft, wird bestraft:

Grenz= verrückung.

1) mit Korrektionshaus von sechs Monaten bis zu vier
   Jahren und Buße von fünfzig bis zu zweihundert
   Franken, wenn der verursachte oder beabsichtigte Scha=
   den den Betrag von dreihundert Franken übersteigt;

2) mit Korrektionshaus bis zu zwei Jahren und Buße
   von fünfundzwanzig bis zu hundert Franken, wenn
   der Schaden den Betrag von dreißig Franken, aber
   nicht den von dreihundert Franken übersteigt;

3) mit Gefängniß von fünfzehn bis zu vierzig Tagen und
   Buße von fünfzehn bis zu fünfzig Franken, wenn der
   Schaden den Betrag von dreißig Franken nicht über=
   steigt.

Art. 235.

Wer in gewinnsüchtiger Absicht die Grenzen eines frem=
den Grundstücks angreift, wird mit Gefängniß bis zu vierzig
Tagen oder mit Geldbuße bis zu zweihundert Franken be=
straft.

Art. 236.

Jede Nachmachung von Druckschriften, musikalischen Kompositionen, Bildern, Gemälden oder jedes andern gedruckten oder gestochenen Erzeugnisses wird nach den jeweilen in Kraft bestehenden Verträgen, Konkordaten und Gesetzen über das Eigenthum der Autoren bestraft.

Art. 237.

Mit den nach den Bestimmungen dieses Abschnittes (Art. 231 bis 235) ausgesprochenen korrektionellen Strafen kann Einstellung in der bürgerlichen Ehrenfähigkeit bis zu fünf Jahren verbunden werden.

Der Versuch wird bestraft (Art. 30 u. f.).

IV. Buch.

Von den Polizeiübertretungen und deren Bestrafung.

Titel I.

Von den Strafen.

Art. 238.

Die durch Polizeiübertretungen verwirkten Geldbußen sollen innert den hienach festgesetzten Grenzen ausgesprochen und, wenn keine andern gesetzlichen Vorschriften darüber bestehen, zum Vortheil des Fiskus verwendet werden.

Art. 239.

Wegen Polizeiübertretungen kann die Gefängnißstrafe nicht unter vierundzwanzig Stunden und höchstens für acht Tage ausgesprochen werden. Sie darf nur in den im Art. 257 genannten Fällen verhängt werden.

Titel II.

Polizeiübertretungen und Strafen.

I. Abschnitt.

Vorschriften über die Preßpolizei und die Verantwortlichkeit für Preßerzeugnisse.

Art. 240.

Jeder Druckschrift die im Kanton herausgegeben wird, mit Ausnahme der bloß zu den Bedürfnissen des Gewerbes und Verkehrs, des geselligen und häuslichen Lebens dienenden Drucksachen, als Formulare, Preiszettel u. dgl., muß, wenn es eine Zeitung oder periodische Schrift ist, der Name und Wohnort des verantwortlichen Redaktors, des

Verlegers oder Herausgebers und des Druckers und die
Zeit der Herausgabe und, wenn es eine Brochüre oder ein
Buch ist, der Name des Verlegers und Druckers beigesetzt
werden. Die Widerhandlung wird mit einer Geldbuße
von fünf bis zu fünfzig Franken bestraft.

Art. 241.

Der Herausgeber eines öffentlichen Blattes ist schuldig,
eine Berichtigung von Thatsachen, die in seinem Blatte
erzählt worden sind, unentstellt und ohne Zusätze und
Weglassungen unentgeltlich aufzunehmen, wenn sie ihm
von einem Betheiligten eingereicht wird und die Berichtigung die doppelte Länge des zu berichtigenden Artikels nicht
übersteigt. Verweigert ein Herausgeber die Aufnahme oder
findet die Berichtigung nicht binnen vier Tagen von ihrem
Empfange an gerechnet, oder wenn in diesem Zeitraum
keine Nummer des Blattes erscheint, in der nächsten
Nummer statt, so kann der Betheiligte die Berichtigung
dem Polizeirichter vorlegen, welcher innerhalb zweimal vierundzwanzig Stunden über die Aufnahme oder Nichtauf-
nahme nach Anhörung der Parteien endlich entscheidet.

Wird die Aufnahme verfügt, so muß die Berichtigung
in der nächsten Nummer erscheinen, und es bleibt für deren
Inhalt lediglich der Einsender verantwortlich.

Art. 242.

Ein Herausgeber, welcher dem richterlichen Urtheile,
das ihn zur Aufnahme einer Berichtigung verfällt, nicht
Folge leistet, wird mit einer Geldbuße von zehn bis zu
hundert Franken bestraft.

Das Recht gegen den Renitenten, die Vollziehung des
Urtheils nach Vorschrift des Art. 533 des Strafprozesses
zu verlangen, wird durch diese Strafe nicht aufgehoben.

Art. 243.

In den Fällen der Art. 177 und 178 soll die urtheilende Gerichtsbehörde, wenn es der Beleidigte verlangt, das Urtheil auf Kosten des Schuldigen durch das amtliche Blatt und durch das Blatt, welches die Ehrverletzung enthielt, so wie, wenn es die Umstände angemessen erscheinen lassen, durch andere Blätter, worüber der Richter zu entscheiden hat, bekannt machen. Der Herausgeber des bezeichneten Blattes ist verpflichtet, diese Bekanntmachung binnen acht Tagen vom Tage des Empfanges derselben an oder, wenn binnen dieser Frist keine Nummer des Blattes erscheint, beim nächsten Erscheinen einer solchen in dasjelbe einzurücken und zwar in der nämlichen Abtheilung, in welcher die Ehrverletzung enthalten war.

Die Nichtbefolgung dieser Vorschrift binnen der festgesetzten Frist wird mit einer Geldbuße von zehn bis hundert Franken bestraft, und es kann überdieß die Vollziehung des Urtheils nach Art. 533 des Strafprozesses stattfinden.

Art. 244.

Das Gericht kann die Unterdrückung oder Vernichtung der für strafbar erklärten Schrift in Beziehung auf alle Exemplare verhängen, welche an Orten, die dem Publikum zugänglich sind oder noch im Besitz des Verfassers, des Redaktors, des Verlegers, des Druckers oder des Buchhändlers sich befinden. Wegen bloßer Widerhandlung gegen die Vorschriften des Art. 240 findet diese Maßregel nicht statt.

Art. 245.

Die vorläufige Beschlagnahme einer Druckschrift durch die Polizeibehörden darf nur in denjenigen Fällen stattfinden, wo sich deren Inhalt zu einer von Amtes wegen zu bestrafenden Handlung gestaltet. Gegen eine solche Verfügung ist die Appellation an die Anklagekammer zulässig.

Art. 246.

Die Verantwortlichkeit für Preßvergehen trifft den Re=
daktor der Druckschrift, in Ermanglung dessen den Ver=
leger oder Herausgeber, und wenn auch dieser nicht vor
die Gerichte des Kantons Bern gezogen werden kann, den
Drucker.

Kann aber der Angeklagte den Verfasser der als strafbar
bezeichneten Schrift geständig vor den Richter stellen, so
fällt die Verantwortlichkeit einzig auf den Verfasser. Der=
selbe bleibt jedoch davon frei, wenn die Herausgabe und
Verbreitung der Druckschrift ohne sein Wissen und seinen
Willen stattgefunden hat, in welchem Fall die obigen Vor=
schriften über die Verantwortlichkeit des Redaktors, Ver=
legers und Druckers Anwendung finden.

Art. 247.

Sind jedoch die Untersuchungskosten und Entschädi=
gungen aus irgend einem Grunde von dem verurtheilten
Verfasser nicht erhältlich, so haften der Redaktor, Ver=
leger oder Herausgeber und Drucker in der Weise, daß
Jeder nach freier Wahl des Betheiligten auf dem Voll=
ziehungswege zu deren Zahlung angehalten werden kann.
Diese Personen (Redaktor, Verleger und Drucker) haften
auf die gleiche Weise, wenn nicht der Verfasser, sondern
einer von ihnen verurtheilt worden ist. Es steht jedoch
dem Drucker der Rückgriff auf den Verleger und auf den
Redaktor und dem Verleger auf den Redaktor in der Weise
zu, daß der Bezahlende den bezahlten Betrag von jeder
der ihm rückgriffsweise haftenden Person ohne Abzug zurück=
fordern kann. Falls der Verfasser verurtheilt worden ist,
steht demjenigen, der an seinem Platze bezahlt, das er=
wähnte Rückgriffsrecht auch gegen diesen zu.

Entsteht über die Verbindlichkeit zur regreßweisen Haf=
tung Streit, so ist derselbe auf dem Civilwege zu erledigen.

II. Abschnitt.

Von der Nachlässigkeit der Beamten.

Art. 248.

Mit einer Geldbuße von fünfzehn bis zu hundert Franken werden die Beamten und andere auf die Ausübung ihres Berufes beeidigte Personen bestraft, welche vorsätzlicher Weise oder in Folge grober Nachlässigkeit bei Vornahme ihrer Amtsverrichtungen sich über das Dasein der hiezu vorgeschriebenen Bedingungen keine Gewißheit verschafft oder die gesetzlich vorgeschriebenen Förmlichkeiten nicht beobachtet haben.

III. Abschnitt.

Von den Spielhäusern und Lotterien.

Art. 249.

Wer ein Hazardspielhaus hält und darin dem Publikum Zutritt gestattet, sowie die Bankhalter, Verwalter, Vorsteher und Agenten werden mit einer Geldbuße von hundert bis zu fünftausend Franken bestraft. Ueberdieß sollen alle in's Spiel gesetzten Gelder und Gegenstände und sämmtliche zum Betrieb des Spiels dienende Mobilien, Instrumente und Geräthschaften konfiszirt werden.

Verbot von Spielhäusern.

Art. 250.

Mit Ausnahme der durch § 1 des Spielgesetzes vom 19. Jänner 1852 vorgesehenen Fälle sind alle Lotterien, sowie die unter der Benennung von Glückshäfen bekannten Spiele verboten.

Lotterien.

Art. 251.

Der Unternehmer einer Lotterie wird mit einer Geldbuße von fünfzig bis zu zweitausend Franken bestraft. Wer

zur Errichtung einer Lotterie Hülfe leistet, wird als Ge=
hülfe bestraft.

Art. 252.

Wer für eine Lotterie Pläne oder Billets zum Kaufe
anträgt oder ausbietet oder dergleichen wissentlich in offenen
oder verschlossenen Briefen versendet, und wer sonst auf
irgend eine Weise zum Betrieb einer Lotterie beiträgt, wird
mit einer Geldbuße von fünfzehn bis zu fünfhundert Franken
bestraft.

Art. 253.

Bei einer Buße von zehn bis fünfzig Franken ist die
Einladung zur Theilnahme an einer hier nicht bewilligten
Lotterie durch hiesige Zeitungen und öffentliche Blätter,
so wie jede öffentliche Anzeige einer solchen im hiesigen
Staatsgebiete verboten. Dieser Buße macht sich sowohl
der Einsender der Einladung oder Anzeige, falls er nicht
unter die Bestimmungen des vorhergehenden Artikels fällt,
als der Verleger oder Herausgeber des Zeitungs= oder
andern öffentlichen Blattes schuldig, in welchem die Ein=
ladung oder Anzeige erschienen ist.

In die gleiche Buße verfällt der Drucker einer beson=
ders abgedruckten und in hiesigem Gebiete in Umlauf ge=
setzten Einladung oder Anzeige der obigen Art.

Art. 254.

Die zur Verloosung bestimmten Gegenstände werden,
wenn die Umstände es rechtfertigen, in Beschlag genommen
und zu Handen des Staates konfiszirt.

Art. 255.

Für Forderungen von Lotterien herrührend soll kein
Recht gehalten werden.

IV. Abschnitt.

Verschiedene Uebertretungen.

Art. 256.

Mit einer Geldbuße von einem bis zu vierzig Franken werden bestraft:

1) diejenigen, die außer den im Art. 213 vorgesehenen Fällen nicht eingesammelte Feld = oder Baumfrüchte entwendet, selbst wenn sie dieselben an Ort und Stelle gegessen haben;

2) wer außer den im Art. 222 vorgesehenen Fällen unter= lassen hat, eine gefundene Sache zurückzustellen oder die im Civilgesetz vorgeschriebene Anzeige oder Publi= kation zu machen;

3) diejenigen, welche die Leichtgläubigkeit der Leute mit= telst Wahrsagen, Traumdeuten oder anderer markt= schreierischer Handlungen zu ihrem Vortheil ausbeuten, insoferne die Handlung nicht als Betrug mit schwerer Strafe zu belegen ist;

4) diejenigen, die, ohne dazu gereizt worden zu sein, gegen Jemanden ehrbeleidigende Aeußerungen aus= stoßen, die nicht unter die Bestimmungen der Artikel 177 und 178 fallen;

5) wer sich Thätlichkeiten gegen Andere hat zu Schulden kommen lassen, die keine Verletzungen (Wunden, Quetschungen, Beulen) zur Folge hatten, wenn die Umstände nicht eine korrektionnelle Strafe erfordern;

6) diejenigen, die durch Nachtlärm oder öffentlichen Scandal die Ruhe des Publikums stören, insofern nicht die Be= stimmungen des Art. 97 Anwendung finden;

7) wer in böser Absicht ein öffentlich angeschlagenes Gesetz oder eine Bekanntmachung einer Staats= oder Gemeinds= behörde abreißt, entstellt oder besudelt oder die Siegel

öffentlicher Behörden oder Beamten, womit Sachen oder Schriften verschlossen gehalten werden, erbricht, ablöst oder beschädigt;

8) diejenigen, die unnöthig und auf anstößige Weise an Sonntagen oder an gesetzlich anerkannten Festtagen Arbeiten verrichten oder verrichten lassen;

9) diejenigen, die es verweigerten oder vernachlässigten, auf stattgehabte Aufforderung hin bei Tumult, Schiff= bruch, Ueberschwemmung, Feuersbrunst oder andern Unglücksfällen, so wie bei Raub, Plünderung, gericht= lichen Vollziehungen und Ergreifung von Verbrechern auf frischer That die sachgemäße Hülfe zu leisten, wenn sie dieß thun können, ohne sich selbst einer ernst= lichen Gefahr auszusetzen;

10) diejenigen, die außer den im gegenwärtigen Straf= gesetzbuch oder in besondern Reglementen ausdrücklich vorgesehenen Fällen vorsätzlich frembes, bewegliches oder unbewegliches Eigenthum beschädigt oder Jeman= den verunreinigt haben;

11) diejenigen, die außer den im Strafgesetzbuch vorge= sehenen Fällen aus Fahrlässigkeit oder in Folge Nicht= beobachtung bestehender Vorschriften Jemanden einen Nachtheil zugefügt haben;

12) diejenigen, die in Folge grober Nachlässigkeit Geistes= kranke, die unter ihrer Obhut stehen, oder bösartige oder wilde Thiere herumlaufen lassen, oder die ihre Hunde gegen Jemanden hetzen oder dieselben nicht zurückzuhalten suchen, wenn solche Vorübergehende an= fallen oder verfolgen, selbst wenn daraus kein Schaden entstanden ist;

13) diejenigen, die sich öffentlich ein unanständiges, Aer= gerniß erweckendes, öffentliche Sitten und Anstand verletzendes Benehmen zu Schulden kommen lassen.

Art. 257.

Die Bestimmung der Art 62 und folgende über Rückfall finden auf die Polizeiübertretungen ebenfalls Anwendung.

In den Fällen des Art. 256, Ziff. 1, 2, 4, 5, 6, 7,
10, 12 und 13 kann beim Rückfall mit der Buße Gefängniß
bis zu acht Tagen verbunden werden.

Art. 258.

Die Gerichte werden auch fernerhin die Gesetze und
Verordnungen, welche Gegenstände betreffen, über welche
dieses Strafgesetzbuch keine Vorschriften enthält, beobachten.

───────

Bern, den 30. Jänner 1866.

Namens des Großen Rathes,

Der Präsident:

Niggeler.

Der Staatsschreiber:

M. v. Stürler.

Inhaltsverzeichniß.

———

———

Strafgesetzbuch für den Kanton Bern.

Allgemeiner Theil.

I. Buch.

II. Buch.

7